El siervo de Dios y su trayectoria

Introducción a las distintas vivencias del pastor y su legado

Por

Dr. Félix Colón Ramos

© Félix Colón Ramos

Dirección:
1096 N Harbor Dr, Deltona, FL 32725

El siervo de Dios y su trayectoria: Introducción a las distintas vivencias del pastor y su legado
Copyright © 2025 por el autor, Félix Colón Ramos

Esta es una publicación del Dr. Félix Colón Ramos, quien se reserva todos los derechos de publicación de estos materiales. El diseño de la portada fue hecho por Pablo A. Jiménez.

Queda prohibida cualquier forma de reproducción total o parcial, distribución, comunicación pública o transformación de esta obra sin la debida autorización del autor. Para solicitar los permisos correspondientes, contacte al autor.

Los textos bíblicos citados son de la Versión Reina-Valera Revisión de 1960, con la excepción de aquellos identificados de otra manera.

ISBN: 979-8-9997096-0-8

Clasifíquese:
Teología Pastoral

Dedicatoria

Dedico este libro, a todos aquellos compañeros del camino a quienes, con distintas vivencias a través del tiempo en nuestro ministerio, hemos podido dar por gracia lo que por gracia hemos recibido.

Dedico este libro también a mi esposa, hijas, nietos, y al resto de mi familia, ya que han sido parte de mis vivencias en medio de mi trayectoria.

Tabla de contenido

Prólogo, por el Dr. Samuel Pagán   9

Introducción   13

1. Aspectos fundamentales del rol del pastor   17

2. La familia y el llamado   31

3. Prácticas espirituales y diarias   51

4. La teología del pastor predicador   75

5. Trayectoria de siervos del Señor en el Antiguo Testamento   81

6. Trayectoria de siervas del Señor en el Antiguo Testamento   117

7. Trayectoria de siervos del Señor en el Nuevo Testamento   127

8. Trayectoria de siervas del Señor en el Nuevo Testamento   147

9. Trayectoria de líderes desde las tierras de Puerto Rico y el mundo   157

10. Tendencias modernas en la trayectoria de muchos líderes del mundo de hoy   165

11. Conclusión   175

12. Epílogo 191

13. Referencias 193

14. Notas biográficas, por la Dra. Nohemí C. Pagán 197

¡Cuán hermosos son sobre los montes los pies del que trae alegres nuevas, del que anuncia la paz, del que trae nuevas del bien, del que publica salvación, del que dice a Sion: ¡Tu Dios reina! (Isaías 52:18).

Vosotros sois la luz del mundo; una ciudad asentada sobre un monte no se puede esconder. Ni se enciende una luz y se pone debajo de un almud, sino sobre el candelero, y alumbra a todos los que están en casa. Así alumbre vuestra luz delante de los hombres, para que vean vuestras buenas obras, y glorifiquen a vuestro Padre que está en los cielos. (Mateo5:14-16) .

Y Jesús se acercó y les habló diciendo: Toda potestad me es dada en el cielo y en la tierra. Por tanto, id, y haced discípulos a todas las naciones, bautizándolos en el nombre del Padre, y del Hijo, y del Espíritu Santo, enseñándoles que guarden todas las cosas que os he mandado; y he aquí yo estoy con vosotros todos los días, hasta el fin del mundo Amén. (Mateo 28:16-20).

El Espíritu del Señor está sobre mí, Por cuanto me ha ungido para dar buenas nuevas a los pobres; Me ha enviado a sanar a los quebrantados de corazón; A pregonar libertad a los cautivos, Y vista a los ciegos; A poner en libertad a los oprimidos; (Lucas 4:18)

¿Cómo, pues, invocarán a aquel en el cual no han creído? ¿Y cómo creerán en aquel de quien no han oído? ¿Y cómo oirán sin haber quien les predique? ¿Y cómo predicarán si no fueren enviados? (Romanos 10:14)

Prólogo

Doy la más grata y cordial de las bienvenidas al nuevo libro del Dr. Félix Colón Ramos. Esta obra, *El siervo de Dios y su trayectoria*, es el resultado de una serie de reflexiones profundas, asociadas a toda una vida inmerso las tareas pastorales. Además, es el fruto del deseo y compromiso de presentar a las nuevas generaciones la naturaleza, el disfrute, la extensión y los desafíos del ministerio cristiano.

Una singularidad de este libro del pastor Félix es su compromiso con la vocación y tarea pastoral. En efecto, este escrito presenta el ministerio desde una perspectiva humana, real y natural, pues para nuestro autor, los pastores y las pastoras no son superhéroes extraordinarios, que están distanciados de las realidades y los desafíos de la vida. ¡Son personas normales que deben responder con sabiduría, integridad y valores a los reclamos congregacionales y a los desafíos comunitarios!

De importancia capital, al estudiar este libro, es descubrir que se presentan a los líderes ministeriales en varios foros, no solo en medio de las dinámicas en las iglesias, sino que explora el importante foro de la intimidad del hogar. Y esa apertura, para estudiar la vida ministerial en distintos contextos, es muy importante, pues se identificas diversos focos potenciales de gozos, ansiedades y desafíos.

En su estudio, el Rev. Colón Ramos, analiza varios personajes bíblicos, que pueden ser buenos modelos para llevar a efecto el liderato cristiano y ministerial contemporáneo. Analiza la vida y las contribuciones de varios hombres y mujeres de fe que, de acuerdo con las narraciones bíblicas, cumplieron tareas ministeriales extraordinarias, y que también superaron limitaciones personales y adversidades políticas, sociales y espirituales.

Un elemento adicional, referente a este nuevo libro, que debe ser leído y estudiado en seminarios, institutos y escuelas bíblicas, es que pone de relieve el testimonio de una segunda generación de pastores. El pastor Félix es hijo de un muy distinguido y recordado pastor, el Rvdo. Félix Colón López. Y esos componentes ministeriales y familiares añaden a estas reflexiones una dimensión humana, familiar, espiritual y teológica destacada y pertinente.

Es mi deseo que este nuevo libro sobre el ministerio cristiano bendiga, no sólo a los hombres y las mujeres que ejercen las tareas pastorales, sino que llegue con fuerza a otros sectores eclesiásticos, para incentivar las vocaciones y motivar a las nuevas generaciones a responder positivamente al llamado de Dios. Y este libro debe ser leído por líderes laicos, y por los maestros y las maestras de escuela bíblica de jóvenes, niños y adultos.

El autor, Rvdo. Félix Colón Ramos, escribe del alma, pues estas reflexiones son el resultado de décadas de visitas pastorales, miles de sermones y estudios bíblicos, y muchísimas horas de oración y reflexión. Los fundamentos de este libro no son las especulaciones filosóficas e hipotéticas sino la valoración y el análisis de vivencias ministeriales de más de medio siglo en Puerto Rico, Estados Unidos y otras partes del mundo.

Una palabra adicional es necesaria en esta presentación. Además de agradecer al autor por este buen esfuerzo, debo incentivar a las juventudes de las iglesias a leer con detenimiento este libro. De la misma manera que Dios llamó a Félix siendo joven al ministerio cristiano, también tiene la capacidad y el deseo de llamar a las nuevas generaciones a responder positivamente al reclamo divino.

La hierba se seca y la flor se marchita,

pero la palabra de nuestro Dios permanece para siempre.

Isaías 40.8

Dr. Samuel Pagan
Jerusalem Center for Biblical Studies
Jerusalem and Lakeland

Introducción

Según la *Real Academia de la Lengua Española* (RAE), "trayectoria" es el curso que a lo largo del tiempo sigue una persona, un grupo social o una institución para cumplir con una encomienda. Basado en esta definición, en este libro veremos cómo ha sido la trayectoria de los siervos del Señor, que han sido llamados a cumplir la tarea de llevar el mensaje de salvación al mundo a través de la historia.

Entre estos siervos del Señor, Plutarco Bonilla nos relata una anécdota importante. Habla de la llegada de un humilde pastor y predicador de nombre Cecilio Arrastía. A este predicador lo confundieron con un huésped más, de los muchos que llegaban al lugar de reunión frecuentado. El asombro fue extraordinario cuando se percataron que no se trataba de un huésped más, sino de un gran predicador, que llegaba a las distintas audiencias con certeza y con gran sabiduría. Además, Bonilla describe distintos aspectos de la vida y ministerio de este hombre de Dios, entre ellos: su calidad humana, su trato con el prójimo, su formación cultural y teológica, su humildad y su temor a Jehová en toda su trayectoria.

Ante esta trayectoria, me sentí motivado a reflexionar sobre nuestro propio viaje como siervo del Señor. Con temor y temblor, seguí la ruta que nos plantea el proverbista ante tan extraordinaria responsabilidad que Dios nos ha comisionado cuando dijo: *"El principio de la sabiduría es el temor de Jehová"* (Proverbios 1:7).

De este modo, es inminente preguntar cómo han sido nuestras vivencias ante los desafíos que en nuestro caminar como siervos del Señor hemos experimentado, extrayendo lecciones que nos permitan seguir hacia adelante, cumpliendo con nuestra misión.

Otra de las razones por las cuales he escrito este libro son mis vivencias familiares. Cuando nací, ya mi padre era pastor. Mi hogar fue una cuna cristiana donde servir al Señor era la meta del diario vivir de nuestra familia. Fue en ese día a día que escuché a mi padre predicar el mensaje que transforma la vida del pecador hacia una nueva experiencia espiritual como ser humano.

Fueron en medio de estas vivencias, las que fueron marcando mi corazón en toda mi trayectoria, desde mi niñez hasta mi adultez, donde surgió mi formación pastoral. Esa formación me ha permitido, por más de 50 años, vivir una vida dedicada al ministerio.

OBJETIVOS

Por tal razón, me he sentido motivado en reflexionar sobre los momentos que surgen en la vida del pastor, durante su trayectoria ministerial, desde su llamado inicial hasta el final de su jornada. Deseo explorar, en primer lugar, cómo ha sido su fidelidad a la Palabra de Dios ante los grandes desafíos y cómo ha manejado los valores aprendidos a la luz del consejo bíblico. En segundo lugar, cómo los ha aplicado a sus distintas responsabilidades, entre ellas, su modelaje como líder, su acercamiento al texto bíblico, su diálogo con los "textos vivos" (tales como la sociedad, la familia, y la cultura) y qué pasos tomó para poder lograr un buen diseño en la entrega de su sermón. En tercer lugar, estudiaremos la trayectoria de algunos de los líderes en el Antiguo Testamento y el Nuevo Testamento para ver cómo presentaron el mensaje divino al pueblo en medio de su realidad histórica. En cuarto y último lugar, examinaremos la trayectoria y conducta de algunos predicadores contemporáneos.

En fin, esta obra intenta concienciar al pastor en su trayectoria, recalcando que su gran responsabilidad es ser fiel a la Palabra de Dios ante los grandes desafíos del siglo presente. Así mismo, deseo motivarles a tener claro que es inminente intensificar el estudio y la meditación de la Palabra de Dios para vivir según el consejo divino y actualizar el mensaje cristiano en la vida de los demás. Por otro lado, deseo crear consciencia de la urgencia de tener un oído compasivo ante el clamor de una sociedad que clama por una mano amiga que le ayude a comprender la realidad de la vida en un mundo que se tambalea. La realidad de que el mundo está en crisis nos indica que es urgente que el pastor, como líder, tiene que estar preparado y dirigido por el Espíritu Santo para poder tener un ministerio eficaz. Es importante que cada ministro comprenda que su responsabilidad, como siervo de Dios, y su obligación principal es predicar el mensaje que transforma y salva al pecador.

¿Cuáles son las características que modelamos y proyectamos como líderes del pueblo del Señor? ¿Cómo vivimos ante el mundo que nos rodea y nos vigila? Todo esto recalca la urgencia de ser fiel al Dios que nos llamó para que podamos orientar a la iglesia en medio del mundo en que vivimos. El consejo paulino nos llama a tener un inquebrantable comportamiento ante las personas a las cuales ministramos: *"Hijitos míos, por quienes vuelvo a sufrir dolores de parto, hasta que Cristo, sea formado en vosotros"* (Gálatas 4:19).

Finalmente, es mi deseo que este libro pueda ser estudiado, tanto en congregaciones como en institutos bíblicos, y que pueda ser de bendición a muchas familias, de distintas culturas, y a todo aquel que escuche el mensaje divino.

Capítulo 1
Aspectos fundamentales del rol pastoral

En este capítulo exploraremos algunos de los roles que juegan las personas que ejercen el ministerio pastoral, tanto en la iglesia como en la sociedad. En particular, exploremos su rol como predicador,

SU ROL COMO PREDICADOR

La responsabilidad principal de un pastor como predicador es administrar la palabra de Dios. Es crucial comprender que, como siervos del Señor, somos los elegidos por Dios para proclamar su mensaje a una comunidad de fe, independientemente de las circunstancias. Además, debemos reconocer que la predicación es un testimonio de la revelación de Dios a través de Jesús, ya que la palabra proclamada tiene su origen en Jesucristo. Nuestra responsabilidad ante la congregación no es la de un orador que ofrece un discurso sobre cualquier tema, sino que nuestra función como mensajeros de Dios es proclamar a Cristo como nuestro salvador.

Pablo le escribe a los corintios lo siguiente:

> *Así que, hermanos, cuando fui a vosotros para anunciaros el testimonio de Dios, no fui con excelencia de palabras o de sabiduría. ²Pues me propuse no saber entre vosotros cosa alguna sino a Jesucristo, y a este crucificado. ³Y estuve entre vosotros con debilidad, y mucho temor y temblor. ⁴y ni mi palabra ni mi predicación fue con palabras persuasivas de humana sabiduría, sino con demostración del Espíritu y de poder, ⁵para que vuestra fe no esté fundada en la sabiduría de los hombres, sino en el poder de Dios.*

1 Corintios 2:1-5

El apóstol Pablo también enseñó sobre la manera en que las Escrituras bendicen nuestras vidas. Se dirigió a Timoteo y le planteó:

> *Toda Escritura es inspirada por Dios y útil para enseñar, para reprender, para corregir, para instruir en justicia, ¹⁷a fin de que el hombre de Dios sea perfecto, enteramente instruido para toda buena obra.*

2 Timoteo 3:16-17

Según Haddon W. Robinson: "La predicación es la comunicación de la verdad divina estudiada y analizada por un estudio histórico, gramatical y literario de un pasaje bíblico teniendo en cuenta su contexto".[1] A esto debemos añadir que es el Espíritu Santo quien capacita al predicador, para que comunique a los oyentes el mensaje divino. Empezando por la

---

[1] Haddon Robinson, *La predicación bíblica* (Miami: LOGOI, 2000), p. 18.

familia, comunica el Evangelio a la iglesia y a todo aquel que lo escuche.

No hay duda de que la predicación requiere una proclamación centrada en la voluntad de Dios. Para que su predicación sea fiel a la Biblia, el predicador tiene que estar totalmente comprometido con la Palabra de Dios, porque si lo hace de otra manera, su labor será en vano.

El predicador tiene que comunicar lo que Dios nos ha enseñado en su Palabra y no lo que el pueblo quiere escuchar. En 2 Timoteo, Pablo da una gran advertencia cuando dice:

> *Porque vendrá tiempo cuando no sufrirán la sana doctrina, sino que, teniendo comezón de oír, se amontonarán maestros conforme a sus propias concupiscencias.*
>
> 2 Timoteo 4:3-4

Para que la predicación sea una bendición para el mundo que nos rodea, debe mantenerse fiel a sus raíces bíblicas. El Nuevo Testamento nos proporciona el contexto para comprender este mandato. A lo largo de sus páginas, encontramos ejemplos que subrayan la urgencia de predicar la verdad de acuerdo con la voluntad de Dios. En particular, cuando Jesús encarga a sus discípulos esta responsabilidad, enfatiza la importancia de su misión.

> *Id y haced discípulos a todas las naciones, bautizándolos en el nombre del Padre, y del Hijo, y del Espíritu Santo, y enseñándoles que guarden todas las cosas.*
>
> Mateo 28. 19-20

También Pablo le recomienda a Timoteo: *"Entre tanto que voy, ocúpate en la lectura, la exhortación y la enseñanza"* (1 Timoteo 4:13); y *"Lo que has oído de mí ante muchos testigos, esto encarga ahombres fieles que sean idóneos para enseñar también a otros"* (1 Timoteo 2:2).

Pablo le sigue diciendo Timoteo, *"Que prediques la palabra; que instes a tiempo y fuera de tiempo; redarguye, reprende, exhorta con toda paciencia y doctrina"* (2 Timoteo 4:2). De modo similar le dice a Tito: *"Pero tu habla lo que está de acuerdo con la sana doctrina"* (Tito 2:1). Esto indica, que ninguna persona que haya sido impactado por la Palabra de Dios se atreve a desechar la predicación, porque siempre el Espíritu Santo les hará recordar el efecto glorioso del nuevo nacimiento. Por ejemplo, Pedro les recordó a sus lectores que habían renacido, *"no de simiente corruptible, sino de incorruptible, por la Palabra de Dios que vive y permanece para siempre"* (1 Pedro 1.23) y *"...esta es la palabra, que por el evangelio os ha sido anunciada"* (1 Pedro 1:25).

Todas estas experiencias nos demuestran que Dios redime a las personas a través de la predicación. Por otro lado, Pablo afirma que cuando predicamos la Palabra de Dios, no como palabra humana, tiene un efecto extraordinario en los creyentes. Él creía que es en la predicación cuando Dios mismo habla, aunque a través de la personalidad y el mensaje del predicador, para confrontar a las personas y atraerlas de vuelta a Él.

El líder en su trayectoria debe tener claro que la predicación cristiana, es el proceso donde las personas son confrontadas con el evangelio de Cristo, para que examinen su comportamiento y puedan cambiar su manera de vivir.

El mensaje tiene que confrontar al ser humano con su pasado, presente y el futuro con el propósito de iluminar todos a vivir por la fe todos los aspectos de la vida cristiana. Pablo le enseñó a los Romanos 1:7: *"Porque en el evangelio la justicia de Dios se revela por fe y para fe, como está escrito: Mas el justo por la fe vivirá".*

Este es un proceso pedagógico y reflexivo de confrontación que conducirá al oyente a analizar su pasado, porque es su objetivo introducir a las personas a su herencia religiosa; su presente, para hacer de la fe una fuerza viva en todas las áreas de nuestra vida; y su futuro, para que cultive una experiencia espiritual que lo conduzca al crecimiento en sabiduría y estatura para con Dios y también para con los hombres.

El siervo de Dios tiene que estar al tanto de que la predicación cristiana es una necesidad de la Iglesia de hoy en medio de una sociedad confusa que ha perdido su norte. El Evangelio de Lucas nos ilustra sobre el propósito de la predicación por medio de estas palabras de Jesús:

> *El Espíritu del Señor está sobre mí, Por cuanto me ha ungido para dar buenas nuevas a los pobres; Me ha enviado a sanar a los quebrantados de corazón; A pregonar libertad a los cautivos y vista a los ciegos; A poner en libertad a los oprimidos.*
>
> Lucas 4:18

Urge que los predicadores seamos luz en medio de las tinieblas y podamos alcanzar al mundo para que entiendan la urgencia de cambiar el pasado, ser fieles a Dios en el presente. Así nos prepararemos para un futuro glorioso, dando testimonio de una vida acorde al consejo divino, siempre con profundidad y con gran entusiasmo.

Por lo tanto, no podemos olvidar que es en la Biblia que encontramos la guía y dirección que Dios proporciona a aquellos que buscan vivir en armonía con Su voluntad.

Isaías nos ilustra: "Así ha dicho Jehová, Redentor tuyo, el Santo de Israel: *"Yo soy Jehová Dios tuyo, que te enseña provechosamente, que te encamina por el camino que debes seguir"* (Isaías 48:17).

También el salmista exclamaba: *"Lámpara es a mis pies tu palabra, y lumbrera a mi camino"* (Salmo 119:105). Tengamos presente que predicar requiere un compromiso serio. Es un desafío que transforma, conduciendo al ser humano a toda verdad y justicia. La Palabra viva confronta, reprende, convence y capacita de modo que podamos conocer y seguir la voluntad de Dios.

La Escritura está repleta de testimonios sobre sí misma. Veamos lo que nos dice Pedro sobre la Palabra de Dios.

> *Siendo renacidos, no de simiente corruptible, sino de incorruptible, por la palabra de Dios que vive y permanece para siempre.* ²⁴*porque: Toda carne es como hierba, Y toda la gloria del hombre como flor de la hierba. La hierba se seca, y la flor se cae;* ²⁵*Mas la palabra del Señor permanece para siempre. Y esta es la palabra que por el evangelio os ha sido anunciada.*
>
> 1 Pedro 1:23-25

Es inminente recordar, que el origen de la iglesia fue el día de Pentecostés. Fue por medio de Pedro, un siervo de Dios que se dejó usar por el Espíritu Santo. Su predicación creó el escenario para que la iglesia creciera, como crecen las plantas cuando el terreno es fértil. Por lo tanto, sigamos el consejo paulino:

> *¿Cómo, pues, invocarán a Aquel en quien no han creído? ¿Y cómo creerán en Aquel del quien no ha oído? ¿Y cómo oirán sin haber quien les predique?* ¹⁵*¿Y cómo predicarán si no son enviados?"*

Romanos 10:14-15, Biblia las Américas

Hay que estar listos para predicar en todo momento, comprendiendo que es una responsabilidad ineludible. Si Dios te llamó, no dudes en seguir adelante porque Dios es el mismo hoy y por todos los siglos. Lo mismo que hizo con Pedro, Pablo y con todas las otras personas que llamó, también lo hará con nosotros.

No podemos olvidar que nuestra responsabilidad como líderes es aprender de los modelos bíblicos. Sigamos el ejemplo del salmista que dijo:

> *Por tanto, no temeremos, aunque la tierra sea removida, Y se traspasen los montes al corazón del mar;* ³*Aunque bramen y se turben sus aguas, Y tiemblen los montes a causa de su braveza.*

Salmo 46:2-3

La siguiente expresión paulina nos recuerda que Dios nos llama a ejercer los distintos ministerios en nuestras trayectorias:

> *Él mismo constituyó a unos, apóstoles; a otros, profetas; a otros, evangelistas; y a otros, pastores y maestros,* ¹²*a*

> *fin de capacitar al pueblo de Dios para la obra del ministerio, para edificar el cuerpo de Cristo.*
>
> Efesios 4:11-12

> *Pues tú, hijo mío, esfuérzate en la gracia que es en Cristo Jesús. Y lo que has oído de mí entre muchos testigos, esto encarga a los hombres fieles que serán idóneos para enseñar también a otros.*
>
> 2 Timoteo 2:1

> *También Jesús dijo: "A la verdad la mies es mucha, más los obreros pocos. Rogad, pues, al Señor de la mies, que envíe obreros a su mies"*
>
> Mateo 9:37-38

Es urgente que nuevos siervos puedan ser de bendición en sus diferentes ministerios. Es apremiante que los fundadores de iglesias, evangelistas, pastores y pastoras respondan al llamado divino a la luz del consejo divino. Dios nos llama a proclamar el mensaje con unción, autoridad y justicia:

> *Mas tú, oh hombre de Dios, huye de estas cosas, y sigue la justicia, la piedad, la fe, el amor, la paciencia, la mansedumbre, [12]pelea la buena batalla de la fe, echa mano de la vida eterna, a la cual asimismo fuiste llamado, habiendo hecho la buena profesión delante de muchos testigos.*
>
> 1 Timoteo 6:11-12

SU REALIDAD COMO SER HUMANO

Otra área delicada que enfrenta el pastor es su humanidad. Como señala Orlando Costas: "La importancia de la persona del predicador para la predicación se desprende del hecho de que está inseparablemente vinculada con su personalidad".[2] En otras palabras, el pastor tiene la delicada tarea de comunicar la verdad como ser humano a otros humanos que viven en medio de una diversidad de estilos de vida, confusión religiosa, crisis mentales, crisis naturales, enfermedades, etc. Además, la personalidad del predicador no es un factor irrelevante, sino que influye en su forma de pensar y comportarse a medida que se adapta a su entorno.

Otros factores importantes incluyen las características personales, los valores, las actitudes, las reacciones emocionales, las aptitudes o capacidades, la imagen de sí mismo, la inteligencia, los patrones de conducta visibles y abiertos, y los comportamientos que pueden revelar a los predicadores entre ellos. La actitud egoísta puede ejercer una influencia directiva o dinámica sobre las respuestas del individuo a diversas situaciones. Por lo tanto, es crucial reconocer la importancia de gestionar nuestras actitudes y reacciones ante cualquier circunstancia para ser eficaces y responsables con nuestra familia, los pecadores, los miembros de la iglesia, los nuevos convertidos y la comunidad que nos rodea.

---

[2] Orlando Costas, *Comunicación por medio de la Predicación* (Miami: Editorial Caribe, 1989), pp. 157-158.

La importancia de los motivos

El predicador debe comprender el origen de sus motivos, es decir, la raíz o la razón que lo impulsa a actuar de una manera que lo desvía, lo traiciona y lo lleva a experiencias negativas.

Es apremiante conocer los motivos que han llevado a predicadores a usar métodos equivocados que los han conducidos a incumplir la responsabilidad a la cual Dios los ha llamado.

Es urgente entender que nuestra conducta tiene que ser moldeada a la luz del consejo divino en todas las áreas de nuestra personalidad si queremos ser de bendición en nuestra jornada por el mundo. El apóstol Pablo le describe a Timoteo la trayectoria que lo formó:

> *Pero tú has seguido mi doctrina, conducta, propósito, fe, longanimidad, amor, paciencia, 11persecuciones, padecimientos, como los que me sobrevinieron en Antioquía, en Iconio, en Listra; persecuciones que he sufrido, y de todas me ha librado el Señor.*
>
> 2 Timoteo 3:10-11

Es inminente que el predicador comprenda las palabras de Jesús cuando dijo: *"Estas cosas os he hablado para que en mí tengáis paz. En el mundo tendréis aflicción; pero confiad, yo he vencido al mundo"* (Juan 16:33). Si no buscamos el consejo divino para ser moldeados por Dios, nos convertiremos en predicadores solitarios en un mundo moribundo. Por esta razón, hay que estar dispuestos a ser moldeados y orientados ante cualquier situación, para que nuestra predicación sea más efectiva. En virtud de ello, la humildad es el principio primordial que todo predicador debe vivir y practicar. Es maravilloso ver cómo Jesús sabía lo que había en el corazón del hombre. Por eso lanzó un gran desafío no solamente a quienes le escuchaban en aquel entonces, sino también a nosotros hoy: *"Llevad mi yugo sobre vosotros, y aprended de mí, que soy manso y humilde de corazón; y hallaréis descanso para vuestras almas"* (Mateo 11:29).

El proverbista planteó que los orgullosos piensan que saben más que los demás, y que por eso no necesitan seguir aprendiendo.

> *No seas sabio a tus propios ojos; teme al Señor y apártate del mal. Será medicina para tu cuerpo y alivio para tus huesos.*
>
> Proverbios 3:7-8
>
> *¿Has visto a un hombre que se tiene por sabio? Más esperanza hay para el necio que para él*
>
> Proverbios 26:12

Hay que aprender a manejar cualquier circunstancia que surja en nuestra trayectoria. Hay que manejarlas con humildad, regocijo, responsabilidad, gratitud, alabanza y dar por gracia lo que por gracia hemos recibidos. El predicador, como profeta de Dios, no es un actor proyectando su personalidad humana sino un heraldo que proclama la obra redentora de Cristo.

Esforcémonos por servir a nuestro amado Señor y comprendamos que alcanzar la excelencia en todo lo que hacemos requiere un proceso transformador continuo de nuestros corazones por el Espíritu Santo. Esta experiencia nos permitirá exhibir una vida espiritual equilibrada, una personalidad madura y una congruencia entre nuestra identidad como siervos del Señor y nuestras acciones como seres humanos.

En un mundo lleno de desafíos, es crucial que nuestras acciones, palabras y pensamientos estén en armonía con nuestro creador. Esto exige autenticidad en nuestras creencias, experiencias y comportamiento. El mundo necesita ver cristianos que no solo hablan de fe, sino que también la demuestran a través del amor, la integridad y el compromiso con Dios en todos los aspectos de su vida.

Esto implica reflexionar sobre la urgencia de valorar todo a la luz del consejo divino, con el corazón en el cielo para no desviarnos de nuestros valores y con los pies en la tierra, alerta ante los miedos y la falta de claridad.

Además, las influencias que nos rodean, como la familia, la escuela, la Iglesia, el ambiente laboral, los amigos, los compañeros de trabajo y los paradigmas sociales, ejercen una influencia sutil e inconsciente en nosotros, dando forma a nuestro marco de referencia y a nuestros paradigmas.

Por lo tanto, es crucial comprender que estos paradigmas son la raíz de nuestras actitudes y conductas que nos impiden actuar con integridad en nuestro camino espiritual. Estas influencias pueden cambiar nuestra forma de pensar y actuar, con efectos tan negativos que ni siquiera somos conscientes de cómo nos confunden. En la Primera Epístola de Juan, encontramos consejos que nos alertan sobre los desafíos que provienen del mundo.

> *No améis al mundo, ni las cosas que están en el mundo. Si alguno ama al mundo, el amor del Padre no está en él, ¹⁶porque todo lo que hay en el mundo, los deseos de la carne, los deseos de los ojos, y la vanagloria de la vida, no proviene del Padre, sino del mundo ¹⁷y el mundo pasa, y sus deseos; pero el que hace la voluntad de Dios permanece para siempre.*
>
> 1 Juan 2:15-17

En conclusión, el pastor, a pesar de ser un mensajero de Dios, sigue siendo un ser humano con virtudes y defectos. Esta realidad implica que su fragilidad puede ser un obstáculo para quienes lo siguen. Es importante recordar que un pastor no es perfecto, sino un ser humano con sus propias fortalezas y debilidades. Como tal, debe estar dispuesto a crecer y aprender en todas las situaciones, sabiendo que Dios cuidará de sus siervos y estará presente en cualquier circunstancia, incluso en un mundo caótico que amenaza su liderazgo.

Capítulo 2
La familia y el llamado

En este capítulo enfocamos en los roles que juega un pastor en la familia y en la sociedad.

LA SOCIEDAD

Otra realidad que el pastor debe comprender a lo largo de su trayectoria es la sociedad y la familia. Según algunos expertos, la percepción de que la humanidad podría desaparecer pronto es hoy más fuerte que nunca. Hay una creciente sensación de precariedad en la vida diaria. Además, muchas familias se sienten desencantadas con la postmodernidad, que las desafía a priorizar el placer y el consumismo. Esto ha creado un ambiente de inestabilidad en la sociedad, con familias fracturadas y esclavizadas por la tecnología. Por otro lado, la complejidad de la vida familiar se ha visto agravada por la multiplicación de interrelaciones que dan forma a sus comunidades. Estos factores incluyen la globalización, la diversidad étnica, cultural y social, y la extensa red de significaciones individuales y colectivas.

Estos efectos dan forma al entramado social urbano. Este escenario presenta un desafío para los predicadores de hoy, quienes deben reconocer que se enfrentan a un laberinto de ofertas y demandas que amenazan con desmantelar la fe. Por lo tanto, existe un desafío significativo: transmitir el mensaje a la sociedad contemporánea con comprensión, sabiduría y amor, teniendo en cuenta sus circunstancias y guiándolos hacia un lugar seguro. Por lo tanto, es imperativo sostener la fe frente a los importantes desafíos que amenazan el progreso de la iglesia. Pablo escribió a los hermanos de Efesios:

> *Así ya no seremos niños fluctuantes, llevados por doquiera de todo viento de doctrina, por estratagema de hombres que para engañar emplean con astucia las artimañas del error.*
>
> Efesios 4:14

Por otro lado, Abraham A. Mole describe otra situación que amenaza a las familias: la distancia emocional entre las personas en el mundo actual.[3] Esta distancia ha llevado a la gente a alejarse psicológicamente unos de otros. Como resultado, la sociedad se está inclinando por un sistema social donde el sistema tradicional desaparece y es reemplazado por las leyes de la cibernética, también conocida como la teoría de

---

[3] Abraham A. Mole. *Análisis sistemático de la sociedad como máquina.* Publisher Pontificia Javeriana, facultad de comunicación y lenguaje. Volumen 2 no 3 1983, pp. 35-36

las redes. Esta tendencia especulativa está llevando a la sociedad contemporánea a relacionarse con el sistema de comunicación de la red cibernética en lugar del sistema tradicional que hemos conocido. Las familias y las sociedades de hoy se enfrentan a importantes amenazas, como la rápida evolución de la tecnología que amenaza la privacidad y la seguridad de la información personal, el robo de identidad y el fraude.

Estos cambios sociales a nivel mundial están sacudiendo a las familias porque crean un desajuste con los valores tradicionales que hemos creído y practicado como bases fundamentales de la vida cristiana.

Estos valores se están replanteando y experimentando cambios rápidos y trágicos, lo que ha llevado a la sociedad a aceptar normas de conducta libertinas que priorizan la gratificación y el deleite personal.

Es realmente lamentable observar cómo la humanidad ha perdido la confianza en la iglesia. Hoy se palpa un declive de la fe en la Palabra de Dios. La ausencia de valores ha dado lugar a una cultura codiciosa, indiferente a los sentimientos de los demás. Muchos predicadores han priorizado el materialismo sobre el bienestar espiritual de sus iglesias, escuchando enseñanzas que los confunden en su rol como predicadores. En lugar de centrarse en la enseñanza genuina de la Palabra y en el crecimiento espiritual de la congregación, algunos pueden caer en la trampa de buscar reconocimiento, riqueza o influencia.

Pablo dijo lo siguiente al liderazgo de la Iglesia de Roma:

> *Más os ruego, hermanos, que os fijéis en los que causan divisiones y tropiezos en contra de la doctrina que vosotros habéis aprendido y que os apartéis de ellos. 18Porque tales personas no sirven a nuestro Señor Jesucristo, sino a sus propios vientres, y con suaves palabras y lisonjas engañan los corazones ingenuos"*

Romanos 16.17-18

En estos tiempos, es crucial recordar nuestra responsabilidad como siervos del Señor y reflexionar sobre las palabras de Jesús cuando dijo:

> *El Espíritu del Señor está sobre mí, por cuanto me ha ungido para dar buenas nuevas a los pobres; me ha enviado a sanar a los quebrantados de corazón; a pregonar libertad a los cautivos, y vista a los ciegos; a poner en libertad a los oprimidos.*

Lucas 4.18

Por lo tanto, es aconsejable que el predicador contemporáneo viva en paz ante cualquier circunstancia que pueda surgir. Jesús fue claro al respecto.

> *Estas cosas os he hablado para que en mí tengáis paz. En el mundo tendréis aflicción; pero confiad, yo he vencido al mundo.*

Juan 16:33

En estos días tan desafiantes, el mensaje del predicador tiene que estar ungido y con autoridad, permitiendo que el Espíritu Santo tome el control sobre el adversario que quiere destruir la vida de fe del pueblo de Dios.

En primer lugar, esto nos recuerda que cada predicador debe comprender que los tiempos difíciles son oportunidades para mantener la fe, la fortaleza y la creatividad. Ante cualquier tribulación que pueda surgir en su camino como siervo del Señor, cuando enfrenta las dificultades con fe y confianza, su testimonio se convierte en una luz que inspira y edifica a la congregación.

En segundo lugar, ante los desafíos modernos, es urgente reflexionar sobre el desafío de escuchar la voz de Dios; urge seguir el consejo bíblico. El proverbista dijo: *"Instruye al sabio y se hará más sabio, enseña al justo y aumentará su saber"* (Proverbios 9:9); y *"Sin dirección la nación fracasa, el éxito depende de los muchos consejos"* (Proverbios 11:14 NVI).

En tercer lugar, es fundamental comprender las realidades sociales que viven las familias en la sociedad contemporánea, ya que están erosionando sus fundamentos.

En cuarto lugar, debemos reflexionar sobre el modelo bíblico ante diversas crisis y reconocer las oportunidades de aprendizaje. Esto permite llevar el mensaje al pueblo, ayudándolo a mantener la fe en medio de las circunstancias cambiantes de la sociedad. Este desafío exige que los predicadores sean conscientes de una sociedad que ha sustituido la razón por el sentimiento, la ética por la estética, los ideales del futuro por las realidades del presente, y las ilusiones colectivistas y solidarias por el individualismo egoísta y el culto al placer, desafiando todos los paradigmas existentes.

En quinto y último lugar, los predicadores cristianos deben reconocer que vivimos en una sociedad en crisis. Su predicación debe basarse en la Palabra de Dios para abordar eficazmente los diversos movimientos, culturas y cuestiones morales y éticas de nuestro tiempo. Muchos predicadores pasan años estudiando a los puritanos o a los reformadores, pero esto puede limitar su imaginación y llevarlos a una perspectiva teológica estrecha. Este enfoque puede desviarnos del camino correcto y hacernos perder de vista las enseñanzas tradicionales de la fe.

Por todas estas razones, es imperativo que busquemos la dirección del Espíritu Santo, quien nos conducirá a toda verdad y justicia. El momento histórico que vivimos exige sabiduría y prudencia. Nuestra misión es comprender nuestra responsabilidad de compartir el mensaje con el mundo que nos rodea, donde la incertidumbre, la violencia, las divisiones sociales y la pérdida de esperanza prevalecen. Comprendamos que este mensaje tiene el poder de restaurar, unir y guiar.

El propósito del liderazgo es tener una visión clara para guiar a la gente en la dirección correcta. Para lograr esto, es fundamental comprender y cuidar genuinamente a las personas a las que servimos. Esto implica establecer conexiones sólidas y comunicarse eficazmente con nuestra audiencia, asegurándonos de que nuestro mensaje sea claro, coherente y accesible para todos.

La integridad y la honestidad son fundamentales para la confianza y el respeto, y es crucial mantenerlas siempre. Ser líder no es tarea fácil, como demuestra el liderazgo de Moisés. Con temor y obediencia, sacó al pueblo de Israel de la esclavitud en Egipto y los guió durante 40 años en el desierto. Con fe, valentía y sabiduría, podemos ser instrumentos de motivación y bendición, ya sea en la iglesia o en el mundo que nos rodea. Recuerda, es una gran responsabilidad, pero también una oportunidad increíble para marcar una diferencia positiva.

Finalmente, debemos ser siempre una fuente de inspiración, especialmente para aquellos que carecen de esperanza, de modo que puedan encontrar paz interior. Como siervos del Señor, debemos reflejar constantemente un camino con un futuro esperanzador que inspire a las personas a perseverar y soñar más allá de sus límites, con sus ojos puestos en Jesús, el autor y consumador de la fe.

SU ROL EN SU FAMILIA

El proverbista dijo: *"con sabiduría se edifica la casa, con prudencia se afirma ⁴y con ciencia se llenan las cámaras de todo bien preciado y agradable"* (Proverbios 24:3-5 RVR 1995). También el salmista reitera que: *"si Jehová ni edificare la casa en vano trabajan los que la edifican"* (Salmo 127.1). Los enfoques del salmista y del proverbista son extraordinarios, ya que presentan un gran desafío en cuanto al tiempo que hay que dedicarle a la vida de familia. El pastor predicador debe cultivar los valores, la prudencia y la firmeza en su vida familiar. Además, debe estar al tanto sobre las cuestiones relacionadas con su familia.

Los estudiosos afirman que la familia se ha vuelto más compleja a medida que la sociedad se ha vuelto más diversa y tolerante con la diversidad. Esta tendencia ha ampliado y difuminado la definición de familia. En este contexto social, los pastores deben ser conscientes de que sus familias están siendo influenciadas por su entorno, lo que puede causar confusión. La presión de la sociedad, las tendencias culturales y las expectativas pueden afectar la dinámica familiar, lo que hace aún más crucial que los pastores reconozcan su doble papel como líderes espirituales y guías dentro de sus hogares.

En este contexto, es crucial estar atentos a los escenarios de la postmodernidad, caracterizados por el desencanto, el placer, el materialismo y la inestabilidad en las relaciones.

Por lo tanto, debe ser consciente de que estos factores pueden crear conflictos en su familia, con posibles consecuencias negativas para su futuro. Hoy, muchas familias se basan en crisis, estados de ánimo, arreglos temporales y gratificación instantánea, en lugar de principios sólidos y duraderos.

Los síntomas de los problemas se manifiestan cuando la presión y la tensión aumentan. Las personas pueden volverse críticas, cínicas o silenciosas, o pueden empezar a vociferar o a reaccionar de forma exagerada. Es crucial comprender que, al igual que muchas familias del pasado se enfrentaron a diversos desafíos, titubearon en su fe y pecaron, su familia también se enfrentará a diversas crisis que pueden perturbar su vida diaria. Esto representa un desafío tanto como padre de familia y como pastor. Es esencial ser conscientes de estos desafíos y evitar la desorganización en su familia que pueda afectar su trabajo al sentirse incapaz de comprender y resolver las crisis que puedan surgir. Es urgente que, en su trayectoria como pastor predicador, la vida de su familia sea un lugar de bendición, evitando que se convierta en un campo de luchas familiares que puedan afectar su rol como predicador, consejero y educador. Esta realidad debería motivarnos a seguir el mejor modelo práctico y funcional que nos enseña la Palabra de Dios, donde cada miembro de la familia tiene su corazón puesto en el cielo, sus pies firmes sobre la tierra y, sobre todo, en Jesús como fundamento principal.

No hay duda, de que este comportamiento traerá paz en su trayectoria como padre y como pastor porque sin comprender que la ayuda divina solo viene de Dios nuestras tareas humanas no tendrán éxito y solo serán esfuerzos huecos y vacíos.

Podemos encontrar ejemplos de familias que vivieron con temor de Dios cuando estudiamos los modelos que nos presentan los padres de la Biblia. Estos jefes de familia eran hombres decididos que estaban convencidos de que Dios existe. Por eso transmitían la fe a sus hijos con alegría. Pablo decía: *"Si alguien no tiene cuidado de los suyos, principalmente de sus familiares, ha renegado de la fe y es peor que un infiel"* (1 Timoteo 5:8). Esto recalca la necesidad de buscar a Dios, orar y pedir la dirección divina en familia. Debemos seguir el consejo bíblico: *"Y si alguno de vosotros tiene falta de sabiduría, pídala a Dios, el cual da a todos abundantemente y sin reproche, y le será dada"* (Santiago 1:5).

En primer lugar, esto nos indica que debemos compartir espiritualmente como una unidad familiar. Una familia unida en la fe refleja el carácter de Cristo y es un testimonio para el mundo. Esta comunión no solo fortalece el hogar, sino que también prepara a cada miembro para enfrentar y vencer las influencias externas con una fe firme y arraigada en la verdad de Dios.

En segundo lugar, los líderes predicadores deben tener una visión clara de sus responsabilidades. No solo deben atender las tareas de la iglesia, sino también cultivar la fe en sus hogares. Esto implica gobernar bien sus casas, evitando el autoritarismo, la gritería y la imposición desmedida. Deben encarnar constantemente las enseñanzas de Jesús a través de un ministerio y liderazgo de servidor.

En tercer lugar, es crucial reconocer que las relaciones familiares dan forma a la personalidad de sus miembros. Los gustos, valores, personalidad y modelos de estilos de vida que se desarrollan en el hogar pueden influir significativamente en el comportamiento de los individuos. Estas influencias pueden manifestarse en el hogar, la iglesia y la comunidad, lo que lleva a una conducta desorientada.

Es crucial enseñar los principios bíblicos como fundamentos a las familias, para que los internalicen y los apliquen en diversas situaciones. Estas circunstancias subrayan la importancia de nuestra responsabilidad familiar, ya que si no se abordan a tiempo, pueden convertirse en enemigos internos y obstaculizar nuestra valiosa tarea de transmitir el mensaje divino al mundo. Como siervos del Señor, es crucial que estemos atentos a las distintas actitudes de nuestras familias durante momentos difíciles. Al hacerlo, podemos evitar que se dejen llevar por sus emociones y se desvíen hacia las tentaciones del mundo que los rodea.

No debemos olvidar que la principal amenaza para la familia es Satanás. Por eso es tan urgente comprender lo que Pedro dijo: *"Sed sobrios, y velad; porque vuestro adversario el diablo anda como león rugiente, alrededor buscando a quien devorar"* (1 Pedro 5:8-10).

En la familia debe haber equilibrio y comprensión durante los momentos de tensión y crisis. Esto ayudará a los miembros de la familia a reconocer y abordar los estados de ánimo tristes y deprimidos de los demás. Además, es crucial identificar las características específicas que causan conflictos y contribuyen al desánimo, la tristeza e incluso la depresión, especialmente en adultos, adolescentes y niños.

En cuarto lugar, es esencial que los pastores, como líderes y predicadores del siglo XXI, reconozcan que la familia es la base fundamental de la sociedad. La familia juega un papel vital en la formación de individuos y la construcción de comunidades. Es el primer entorno donde los individuos aprenden valores, normas y comportamientos sociales. Dentro de la familia, se forman las primeras relaciones y se desarrollan las habilidades sociales básicas.

La convivencia en la familia pastoral debe basarse en la armonía, la fe y la confianza en el Señor. Este comportamiento familiar enriquecerá su vida como pastor y predicador. Al cultivar la salud espiritual y emocional, podrá motivar primero a su familia y luego a su congregación. Pablo le aconsejó a Timoteo: *"Ten cuidado de ti mismo y de la doctrina; persiste en ello, pues haciendo esto, te salvarás a ti mismo y a los que te oyeren"* (1 Timoteo 4:16). Esta conducta refleja un modelaje práctico y equilibrado que, a lo largo de nuestra trayectoria, nos permitirá ser una bendición para nuestra familia y la iglesia. La responsabilidad de cuidar de la iglesia sin descuidar a la familia es uno de los mayores privilegios que un líder puede experimentar en su vida. Es una labor honorable y una forma preciosa de invertir la vida en Dios y en la familia.

Indiscutiblemente, el pastor será una persona reconocida y respetada a los ojos de la congregación. Ciertamente, será un modelo digno de seguir, ya que ha demostrado su legado tanto en su hogar como en la iglesia. Pablo le dijo a Timoteo: *"Pero es necesario que el obispo sea irreprensible... que gobierne bien su casa, que tenga a sus hijos en sujeción para que no caiga en descrédito"* (1 Tim 3:2-7) .

Es fundamental comprender que nuestro camino debe seguir los pasos de Cristo, alineándonos con el plan y propósito de Dios para la familia. Este llamado a seguir a Cristo es esencial para todos los creyentes, especialmente para aquellos que tienen la responsabilidad de liderar. Un pastor que sigue fielmente el propósito de Dios no solo fortalece su propia familia, sino que también inspira a la iglesia a vivir con autenticidad y compromiso. La fe no se limita a palabras; es una vida que refleja el carácter de Cristo en cada aspecto. Cuando el mensaje predicado se refuerza con una vida coherente, el impacto es profundo. La iglesia no solo escucha la enseñanza, sino que la ve reflejada en el carácter y las acciones del pastor. Esto motiva a los creyentes a desarrollar una relación más fuerte con Dios y a caminar con convicción en su fe. La coherencia entre lo que se predica y lo que se vive es crucial para fortalecer la confianza en la enseñanza bíblica y el llamado de Dios.

El crecimiento espiritual trasciende las paredes de la iglesia, impregnando nuestras vidas diarias, nuestras decisiones y nuestra búsqueda de Dios a través de la oración y el estudio de Su Palabra. Este viaje de fe exige convicción inquebrantable, dedicación inquebrantable y una entrega constante al Señor.

DIALOGAR CONSIGO MISMO

El salmista en una ocasión entro a su mundo interior y le pregunto a su alma:

> ¿Por qué te abates, oh alma mía, Y te turbas dentro de mí? Espera en Dios; porque aún he de alabarle, Salvación y Dios míos. 6Dios mío, mi alma está abatida en mí; Me acordaré, por tanto, de ti desde la tierra del Jordán, Y de los hermonitas, desde el monte de Mizar. 7Un abismo llama a otro a la voz de tus cascadas; Todas tus ondas y tus olas han pasado sobre mí. 8Pero de día mandará Jehová su misericordia, Y de noche su cántico estará conmigo,
>
> Salmo 42:5-8

Las experiencias del salmista presentan un gran desafío para el pastor en su caminar a través del tiempo. Nos invitan a reflexionar y reconocer que en nuestra trayectoria como predicador, padre, hijo, esposo y miembro de la sociedad, surgirán múltiples experiencias entre sí, las cuales quedan registradas en nuestro archivo personal.

Es crucial comprender las distintas experiencias que hemos vivido en nuestra trayectoria, como las matrimoniales, familiares, pastorales, eclesiásticas y comunitarias. ¿Cuáles han sido nuestras reacciones? ¿Qué preguntas nos hemos hecho cuando hemos dialogado con nuestro interior? ¿Alguna vez hemos dudado de nuestro llamado y hemos pensado en dejarlo todo ante los momentos difíciles en nuestra trayectoria como pastor predicador? ¿Alguna vez hemos sentido que estábamos al borde del colapso y la locura? ¿Alguna vez hemos sentido que nos faltaba el aire y que íbamos rumbo a un terrible fracaso, y que nuestros sueños se desvanecían en la distancia? El resultado de esta situación es que muchos pastores y líderes caen en crisis al descubrir la realidad de su mundo interior por el descuido de no haber atendido sus reclamos.

El resultado es que muchos reaccionan confundidos al darse cuenta de que solo vivían de apariencias externas y habían descuidado las necesidades de su ser interior. Esta realidad plantea que muchos de nosotros hemos sentido alguna vez que nos encontrábamos bajo la sensación de una fatiga enternecedora ante un aparente fracaso, o de la amarga experiencia de la decepción en cuanto a metas o propósitos, o quizá, hayamos tenido la impresión de que algo dentro de nosotros cedía y que estábamos al borde de la ruina. Esta situación fue creando un estado de ansiedad que nos fue llevando a distintos momentos de desesperación, que poco a poco, fue creando una conducta que nos impide ver con claridad qué es lo que nos ha llevado a la crisis.

Es imperativo que abordemos esta área crucial en nuestro viaje como siervos del Señor. El diálogo con uno mismo es increíblemente beneficioso, ya que mantiene nuestra mente equilibrada. Nos ayuda a organizar nuestros pensamientos, planificar nuestras acciones y consolidar la memoria. Además, da forma a nuestras emociones, que se originan en el amor y el valor que recibimos de nuestras familias. Estos factores influyen significativamente en cómo nos juzgamos a nosotros mismos y nos relacionamos con los demás. Por lo tanto, debemos recordar que cada uno de nosotros ha sido creado por amor, con un valor y una dignidad inquebrantables.

Dios nos llama a amarnos unos a otros, a vivir inmersos en una dinámica afectiva. Esto exige una profunda introspección para reconocer y experimentar este potencial de amor dentro de nosotros. Para alcanzar una felicidad duradera, debemos estar constantemente llenos de amor.

Gordon McDonald afirma que los seres humanos vivimos en dos mundos muy distintos, a la vez. Por un lado, tenemos el mundo exterior o público, que es más fácil de manejar. Se compone de trabajo, juego, posesiones y las ofertas que forman las redes sociales que nos estimulan a vivir una existencia de éxito, popularidad, riqueza y belleza. Por otro lado, está nuestro mundo interior que es de una naturaleza más espiritual y constituye el centro donde tomamos decisiones, en la soledad y la reflexión. Se trata de un lugar de adoración y de confesión; un sitio tranquilo donde no tiene por qué penetrar la contaminación moral de nuestros días.[4]

Hay muchas personas exitosas en su vida pública que, lamentablemente, son un desastre en su vida privada. Olvidan que es en ese mundo interior donde vamos formando la auto estima, tomamos decisiones, reaccionamos a nuestros motivos, valoramos lo que nos gusta, le damos prioridad a nuestros compromisos y, sobre todo, aprendemos a depositar nuestra confianza absoluta en Dios, quien está en control.

La confianza en uno mismo es un componente fundamental de nuestro bienestar emocional y espiritual, ya que moldea nuestra auto percepción y la forma en que interactuamos con el mundo que nos rodea. Además, nos ayuda a mantener el

---

[4] Gordon McDonald, *Ponga en orden su mundo interior* (Nashville: Editorial Betania, 2006).

equilibrio, a confiar en nuestras capacidades y habilidades, y a establecer objetivos realistas guiándonos por la sabiduría divina. Sin embargo, es lamentable que algunos pastores, abrumados por sus numerosas responsabilidades, descuiden el tiempo de introspección personal. A menudo olvidan que encontrar un equilibrio entre sus deberes y el descanso es esencial para vivir una vida que glorifique a Dios.

Según Charles Spurgeon: "la primera señal de la vocación celestial es un deseo intenso que lo absorbe todo por la obra."[5] Esto subraya la urgencia de sentir la inquietud constante de reconocer que existe un verdadero llamado irresistible y una sed insaciable por compartir con otros lo que Dios ha hecho en nuestras almas. Debemos estar dispuestos a ser sinceros con nosotros mismos, a dialogar con nuestro mundo interior y a examinarnos a nosotros mismos y nuestras vidas como siervos del Señor.

Esto significa que no podemos llevar máscaras de santidad ni ser prepotentes, sino que debemos vivir con humildad y victoria, reflejando siempre una sanidad interior en nuestros corazones. Debemos estar totalmente seguros de que Dios está en control de todo y decir como el salmista:

> *Porque tú formaste mis entrañas; tú me hiciste en el vientre de mi madre. Te alabaré; porque formidables, maravillosas son tus obras; estoy maravillado, y mi alma lo sabe muy bien. No fue encubierto de ti mi cuerpo, bien que en oculto fui formado, y entretejido en lo más profundo de la tierra. Mi embrión vio tus ojos, y*

---

[5] Charles Spurgeon, *Discursos a mis estudiantes*. (El Paso, TX: Casa Bautista de Publicaciones, 1950), pp. 17-18.

en tu libro estaban escritas todas aquellas cosas que fueron luego formadas, sin faltar uno de ellos.

Salmo 139:13-16

Es necesario aprender a escuchar nuestras emociones y sentimientos para descubrir información valiosa sobre cómo hemos manejado la ira, la injusticia y la tristeza; sobre cómo nos valoramos a nosotros mismos y a los demás. Esta comprensión nos permite reconocer nuestros propios sentimientos y desarrollar empatía, amor y compasión por los demás, lo que nos permite ponernos en su lugar y brindar apoyo y comprensión. El Señor Jesucristo nos legó el mandamiento del amor:

Este es mi mandamiento: Que os améis unos a otros, como yo os he amado. ¹³Nadie tiene mayor amor que este, que uno ponga su vida por sus amigos.

Juan 15:12-13

Aprendamos a dialogar con nosotros mismos y a reconocer nuestros afectos, sentimientos y emociones. Aprendamos también a expresarlos e interpretar la experiencia afectiva para comprender su significado. Esto nos permitirá tener una trayectoria de éxitos. Nuestro diálogo interno es una reflexión. Cuando se trata de uno mismo, puede ser dura, especialmente al considerar aquello que no nos gusta. Las razones para tener conversaciones con uno mismo son numerosas. Hablar solos es una forma de explorar nuestro mundo interno, debatir lo que estamos evidenciando y construir una forma de moldear nuestros pensamientos.

En conclusión, para tener éxito en nuestro camino como líderes, es fundamental una comprensión bíblica del valor humano. El libro del Génesis nos dice: *"Dios creó al hombre a su imagen, a imagen de Dios lo creó; hombre y mujer los creó"* (Génesis 1:27). Esta profunda verdad establece que cada persona es un reflejo de la imagen de Dios, inherentemente valiosa y digna de respeto y amor.

Como líderes de la iglesia, esta responsabilidad nos desafía a crear un ambiente donde las personas puedan experimentar el amor de Dios. Debemos estar siempre preparados para brindar orientación a aquellos que luchan por sobrevivir en un mundo confundido. Esto implica ser ejemplos de una autoestima equilibrada, arraigada en Cristo, y aprender a disfrutar de la quietud de nuestro mundo interior.

Es desde lo más íntimo de nuestro ser que surgen las decisiones básicas en cuanto a motivos, valores y compromisos. Es donde tenemos comunión con nuestro Dios. Por lo tanto, debemos organizar nuestro mundo interior y poner nuestros ojos en Cristo, el autor y consumador de la fe.

ESTAR SEGURO DE SU LLAMADO

En resumen, debemos tener claro la forma cómo cultivamos en nuestra vida espiritual cuando dialogamos con nosotros mismos. Así podremos ser capaces de recibir y procesar la verdad acerca de nuestro llamado en nuestra trayectoria de manera efectiva para con Dios y los que nos escuchan. Si, como líder del Señor, vivimos según el consejo bíblico, no hay duda de que nuestros pasos serán ordenados y serán según los pasos de Cristo.

Si. como líderes del Señor, tenemos paz y equilibro en nuestro mundo interior, veremos los resultados en el amor propio, el amor compasivo y el desarrollo personal para las relaciones interpersonales. Cuidemos el mundo interior porque, como pastores, es esencial mantener una vida espiritual saludable para poder guiar a otros de manera efectiva. Es fundamental aprender a dialogar con uno mismo para obtener respuestas bien pensadas que nos permitan tomar decisiones más informadas. En última instancia, el reflejo del amor de Dios en la conducta del pastor proviene de un compromiso genuino con su vida espiritual y su conexión con lo divino. Recordemos el Himno al amor escrito por el apóstol Pablo a los corintios.

> *El amor es sufrido, es benigno; el amor no tiene envidia, el amor no es jactancioso, no se envanece;* [5]*no hace nada indebido, no busca lo suyo, no se irrita, no guarda rencor;* [6]*no se goza de la injusticia, más se goza de la verdad,* [7]*todo lo sufre, todo lo cree, todo lo espera, todo lo soporta.*
>
> 1 Corintios 13:4-7

Capítulo 3
Prácticas espirituales diarias

En este capítulo consideraremos algunas prácticas espirituales que debemos observar diariamente. Las disciplinas espirituales nos ayudan a crecer en la fe y a vivir en amor.

DIALOGAR CON DIOS EN ORACIÓN

La oración es la disciplina espiritual clave, pues conduce a la consagración. Comprendamos que la oración nos permite comunicarnos con Dios. El salmista da un ejemplo vivo de una conversación espiritual donde presenta sus pensamientos íntimos sobre el cuidado de Dios. Veamos cómo habla con Dios:

> *Señor, tú me examinas, tú me conoces.* ²*Sabes cuándo me siento y cuándo me levanto; aun a la distancia me*

> *lees el pensamiento. ³Mis trajines y descansos los conoces; todos mis caminos te son familiares. ⁴No me llega aún la palabra a la lengua cuando tú, Señor, ya la sabes toda. ⁵Tu protección me envuelve por completo; me cubres con la palma de tu mano. ⁶Conocimiento tan maravilloso rebasa mi comprensión; tan sublime es que no puedo entenderlo.*

Salmo 139:1-6 NVI

Queridos compañeros del camino, no hay duda de que la bendición que sentimos al hablar y sentir su presencia fortalece nuestro mundo interior. Como siervos de Dios, es crucial comprender que nuestro ser interior debe estar fortalecido. A través de la oración y la súplica, el Espíritu Santo nos guía para cumplir con nuestras responsabilidades como pastores predicadores. Si somos fieles y oramos, recibiremos su consuelo y bendiciones abundantes. Nuestra fe nos sostendrá en nuestro camino, y sentiremos la presencia y el poder del Espíritu Santo, llenándonos de gozo y valentía para obedecer al Padre en todo momento.

También David asegura que:

> *Jehová es mi pastor; nada me faltará. 2En lugares de delicados pastos me hará descansar; Junto a aguas de reposo me pastoreará. 3Confortará mi alma; Me guiará por sendas de justicia por amor de su nombre.*

Salmo 23:1-3

Oremos desde lo más profundo de nuestro corazón hasta sentir paz en el alma y así poder estar tranquilos para manejar los pensamientos y sentimientos que nos intranquilizan. Esta bendición nos alienta porque sabemos que cuando oramos

Dios nos da paz interior para seguir cumpliendo con nuestra responsabilidad como siervos del Señor en nuestro caminar por este mundo.

Debemos seguir el consejo paulino a los Efesios cuando les dijo:

> *Estad, pues, firmes, ceñidos vuestros lomos con la verdad, y vestidos con la coraza de justicia, ¹⁵y calzados los pies con el apresto del evangelio de la paz. ¹⁶sobre todo, tomad el escudo de la fe, con que podáis apagar todos los dardos de fuego del maligno. ¹⁷y tomad el yelmo de la salvación, y la espada del Espíritu, que es la palabra de Dios; ¹⁸orando en todo tiempo con toda oración y súplica en el Espíritu, y velando en ello con toda perseverancia y súplica por todos los santos.*

Efesios 6:14-18

Es crucial orar cuando enfrentamos conflictos. Si ocultamos nuestros desafíos, se acumulan y, si no se abordan, pueden tener consecuencias negativas en nuestras vidas y en nuestro bienestar espiritual. Ante los desafíos, es crucial buscar la guía del Espíritu Santo, estudiar las Escrituras, orar, buscar la presencia del Señor y buscar orientación. Estas prácticas nos ayudan a despertar nuestro potencial. La oración nos prepara para llegar a un mundo que nos observa y nos escucha.

Nuestras convicciones nacen de nuestra comunión íntima con Dios y de la comprensión de que los mensajes que el Señor nos da se reciben y se elaboran en la privacidad de nuestra vida de oración. En otras palabras, la oración hace al hombre, al predicador y al pastor. Por lo tanto, amados compañeros del camino, seguir el consejo paulino:

> *Estad siempre gozosos. Orad sin cesar. Dad gracias en todo, porque esta es la voluntad de Dios para con vosotros en Cristo Jesús.*
>
> 1 Tesalonicenses 5:16-18

Este pasaje nos enseña que la oración no es solo un acto ocasional, sino una actitud de vida, una conexión continua con Dios que nos fortalece en cada circunstancia. La gratitud, por otro lado, nos ayuda a reconocer la presencia de Dios en todo momento, incluso en los desafíos. Transforma nuestra perspectiva, permitiéndonos ver no solo lo que necesitamos, sino también todo lo que Dios ya ha hecho en nuestras vidas. Incluso en medio de los desafíos, la gratitud nos recuerda la inquebrantable fidelidad de Dios y su propósito continuo en nuestras vidas. Cuando nos acercamos a Dios con profunda gratitud y suplica, expresando nuestros sentimientos y pidiendo perdón, el Señor nos escucha desde los cielos. Con esta fe, podemos alcanzar la confianza que el salmista experimentó al escribir el Salmo 23:1: "Jehová es mi pastor, nada me faltará".

Destacar la urgencia de orar por nuestros conflictos y llevarlos ante el Señor es una verdad esencial para mantener nuestra paz espiritual y cumplir con nuestro llamado. Nuestras convicciones nacen de esa comunión secreta con Dios, ya que es precisamente en esos momentos de intimidad donde el Señor nos revela su propósito y nos da dirección para nuestras vidas. Dios es nuestro pastor y proveedor; su cuidado divino nos equipa para llevar el mensaje del Evangelio con poder, fe y humildad.

La idea de que "la oración hace al hombre, al predicador y al pastor" es un recordatorio clave para todo líder espiritual. Si un pastor no mantiene una vida de oración constante, le resultará difícil transmitir la profundidad del mensaje que Dios le revela. La oración no es simplemente una herramienta para la enseñanza, sino la base de una relación genuina con Dios. Un pastor que ora continuamente no solo fortalece su vida espiritual, sino que también transmite un mensaje auténtico y poderoso. Es a través de la comunión constante con Dios que encuentra la sabiduría, la dirección y la renovación necesarias para guiar a su congregación con amor y verdad.

MANEJO DE LAS EXPECTATIVAS

Según la *Real Academia Española,* "expectativas" se define como la esperanza o situación de conseguir algo por parte de una persona. Los expertos creen que las expectativas surgen durante el proceso de pensamiento, cuando examinamos lo que vemos y oímos. Por ejemplo, si vemos un relámpago, esperamos escuchar un trueno pronto. Sin embargo, nuestras expectativas no siempre son precisas debido a los fallos de nuestra lógica en torno a lo que deseamos y a lo que somos. A veces, nos "ilusionamos" basándonos en una premisa falsa o en una interpretación errónea de las pruebas. Además, creamos expectativas de forma automática, sin esfuerzo consciente. Cuando las expectativas no se cumplen, experimentamos dolor y a menudo culpamos a algo o a alguien que no ha cumplido nuestras expectativas, incluso si éstas no eran razonables.

Esta realidad nos desafía a reconocer que nuestra perspectiva y enfoque juegan un papel crucial en nuestro ministerio. Nuestras expectativas influyen significativamente en cómo llevamos a cabo nuestro ministerio junto con otras responsabilidades. Por lo tanto, es esencial que nuestras expectativas se basen en la Palabra de Dios y no en patrones culturales, sociales o expectativas externas. Desafortunadamente, muchos líderes han actuado sin reflexionar sobre sus expectativas, lo que ha llevado a resultados desafortunados y dificultades en su liderazgo a lo largo de la historia.

Esto también nos recuerda la importancia de que nuestras expectativas se basen, en primer lugar, en la guía divina y, en segundo lugar, en la búsqueda de diversas formas saludables de lograr nuestros objetivos. No podemos ignorar la importancia de este asunto, que nos desafía a reflexionar sobre esta tendencia que prioriza el ser sobre el hacer. El proverbista aconseja: *"La esperanza de los justos es alegría; Mas la esperanza de los impíos perecerá"* (Proverbios 10:8).

Es crucial comprender las implicaciones prácticas de estos grandes desafíos bíblicos, que lamentablemente a menudo se pasan por alto. En la vida de un líder, la fidelidad a Dios y el cumplimiento de sus responsabilidades son fundamentales para el éxito.

El llamado al ministerio comienza con grandes deseos y expectativas. El ministerio pastoral es algo que otorga el Señor, que ni se compra, ni se hereda. El líder que Dios comisiona debe tener un comportamiento que agrade al Señor.

Lamentablemente, muchos líderes tienen tantas expectativas altas de su desempeño que no pueden manejar ni las propias ni las de los demás. Para que nuestro liderazgo sea saludable y efectivo, debemos reconocer nuestras limitaciones y depender de Dios en vez de confiar en nuestras propias habilidades. Además, debemos procurar que la congregación comprenda qué se puede lograr y qué no. Esta manera de conducir nuestras responsabilidades nos ayudará a evitar malentendidos y falsas esperanzas. Por lo tanto, es urgente tener claras nuestras expectativas y mantener un equilibrio entre las demandas del ministerio y la vida personal para evitar el agotamiento.

El buen manejo de nuestras expectativas puede ser clave para mantenernos felices y satisfechos en la vida. Por eso, debemos evaluarlas y asegurarnos de que sean alcanzables. Se requiere tener una mente abierta y estar dispuesto a adaptarse a nuevas situaciones. Además, debemos enfocarnos en el "aquí" y el "ahora" en lugar de preocuparnos demasiado por el futuro o lamentarnos por el pasado.

El proverbista nos aconseja: *"Confía en el Señor con todo tu corazón y no te apoyes en tu propia prudencia. Reconócelo en todos tus caminos, y él enderezará tus veredas"* (Proverbios 3:5-6). Este versículo nos anima a confiar en Dios, en lugar de depender únicamente de nosotros mismos.

ENCUENTROS CULTURALES

En el mundo contemporáneo, los predicadores deben ser conscientes de los encuentros culturales que ocurren en la sociedad y que se reflejan en la iglesia a través de su interacción con otras culturas. Ante esta realidad, los pastores predicadores deben ser sensibles a estos encuentros culturales y esforzarse por mantener relaciones empáticas y fieles al consejo divino del amor. Además, deben ser conscientes de las diversas necesidades de las personas que los rodean.

Esta realidad social explica por qué muchas iglesias de hoy están compuestas por adoradores de culturas diferentes. Esto representa, un gran reto al pastor, pues es necesario tratar de comprender cómo se sienten las familias de otras culturas: ¿Cómo crían a sus hijos? ¿Cuáles son sus perspectivas? ¿Cómo se identifican con sus tradiciones culturales?

Esto presenta un gran desafío para el ministerio pastoral, pues es necesario tomar un tiempo para estudiar, prepararse y desarrollar un ministerio de predicación que tenga en cuenta las distintas culturas presentes en la congregación..

Esto se agudiza cuando predicamos en una ciudad multicultural. El desafío es: ¿Cómo integrar la fe en una sociedad multicultural? ¿Cómo ser pertinentes culturalmente mientas honramos las enseñanzas bíblicas, a la luz del consejo divino guiado por el Espíritu Santo? Recordemos que uno de los propósitos de la predicación es ayudar a que los oyentes y sus familias puedan comprender la verdad divina que los orienta a vivir de la manera correcta que agrada a Dios.

Nuestra responsabilidad es ser exponentes de la Palabra de Dios en el mundo, independientemente de la cultura o la condición humana. Es nuestro deber llevar el mensaje transformador a través de las fronteras culturales y comprender la diversidad cultural que se manifiesta en diversas creencias religiosas, música, lenguaje, arte y trabajo. También debemos comprender sus estilos de vida, que reflejan su cultura como familias, comunidades, sociedades o naciones. Respetar a los demás y sus culturas es amarlos, porque todos tenemos el derecho y la oportunidad de expresarnos, crear o difundir obras en nuestro idioma y participar de nuestra cultura.

Marcos 16:15-16 nos revela la estrategia de Jesús: *"Id por todo el mundo y predicad el evangelio a toda criatura, [16]el que creyere y fuere bautizado, será salvo; más el que no creyere, será condenado"* (Marcos 16:15-16). El llamado de Jesús es claro y poderoso: llevar el evangelio a todas las naciones, compartiendo el amor divino y su mensaje de salvación. Este mandato nos recuerda que el evangelio es para todos, sin distinción, y que cada persona tiene la oportunidad de conocer la verdad y recibir la vida eterna en Cristo. Además, el amor y la aceptación entre nosotros son esenciales para reflejar el carácter de Dios. Como seguidores de Cristo, debemos mostrar su amor en cada acción, siendo testimonio de su gracia y extendiendo Su mensaje con humildad y fidelidad.

Dios no quiere que nos quedemos detenidos en el mismo lugar, sino que avancemos con urgencia con el mensaje que trasforma. Es mediante la enseñanza y la interacción entre el medio ambiente, las culturas y las lenguas que contribuimos a preparar ciudadanos conscientes de la necesidad de conservar el patrimonio de la humanidad en todos los ámbitos de la vida humana.

Cada enseñanza y cada interacción que tenemos con el mundo que nos rodea nos da la oportunidad de dejar una huella significativa, de inspirar a otros y de preservar los valores que nos identifican como humanidad. Comprendamos que la madurez espiritual nos capacita para ser adoradores balanceados con nuestro prójimo con una óptica de comprensión y amor. Como cristianos, somos llamados a tratar a nuestro prójimo con amor, respeto y compasión. Además, Dios nos llama a valorar la dignidad y los derechos de cada persona, independientemente de sus diferencias.

Compartir el mensaje divino con diversas culturas presenta tanto desafíos como oportunidades. Si bien puede ser difícil, también es una oportunidad para transmitir el consejo divino de una manera que resuene con diferentes audiencias. Para lograr la eficacia, debemos comprender sus valores, costumbres y estilos de comunicación. Esto requiere cultivar relaciones genuinas con las personas a las que nos dirigimos. También requiere respetar la cultura y las creencias de los demás, evitando actitudes de superioridad. Al comunicar el Evangelio con empatía y responsabilidad, podemos fomentar el amor y la comprensión mutua sin comprometer el mensaje central del consejo divino. La forma en que nos comunicamos puede marcar una gran diferencia.

Todo esto requiere un diálogo continuo. Recordemos que la comprensión no surge de inmediato; requiere persistencia para establecer un fundamento sólido. El papel de un líder en diferentes culturas es un desafío considerable. Implica la urgente necesidad de ponerse en el lugar de personas de diversos orígenes culturales y adaptarse a sus normas y costumbres. Además, el líder debe ser capaz de contextualizar el mensaje del Evangelio sin comprometer su esencia. Esto significa presentar el Evangelio de una manera que sea comprensible y relevante para la cultura específica.

Liderar en diferentes culturas es un desafío que exige sensibilidad, comprensión y una profunda dependencia del Espíritu Santo. La clave está en comunicar el mensaje del Evangelio de una manera que resuene con el contexto cultural sin diluir su verdad. Jesús mismo utilizó parábolas y ejemplos cotidianos para hacer que su enseñanza fuera accesible y significativa para las personas de su tiempo. Adaptarse no significa cambiar el Evangelio; significa presentarlo de una manera que pueda ser entendido y aplicado en el corazón de quienes lo reciben. Esto implica conocer las costumbres, los valores y las preocupaciones de cada comunidad, asegurando que el mensaje de Cristo se conecte con sus realidades sin perder su esencia. Jesús mismo ejemplificó esto en su ministerio, relacionándose con personas de diversos trasfondos, utilizando parábolas que tenían sentido en su cultura y mostrando empatía hacia sus circunstancias.

Hoy, el liderazgo pastoral y laico tiene la responsabilidad de seguir este ejemplo, escuchando con sensibilidad y compartiendo el Evangelio de una manera relevante y transformadora.

LA ADMINISTRACIÓN

Según los estudiosos:

> *La administración es el proceso de planificar, organizar, dirigir y controlar el uso de los recursos con el propósito de lograr los objetivos y metas de forma eficiente y eficaz. De manera, que un administrador es el que sirve a los demás y en su calidad de servidores convierte en la persona clave en una organización.*

Esto significa que el siervo de Dios, para lograr tener éxito en su ministerio tiene que entender su encomienda: ser un fiel administrador de los bienes que el Señor a puesto en sus manos. Lamentablemente, muchos predicadores no le dan importancia a esta necesidad. No le prestan atención a una de las más importantes tareas que Dios, encomendó a todo creyente y en especial a los que están al frente de la grey.

Mirando el tema desde el lente bíblico, el apóstol Pablo, nos ilustra en su carta a los corintios, la manera de cómo debe ser la administración.:

> *Así, pues, téngannos los hombres por servidores de Cristo, y administradores de los misterios de Dios. ²ahora bien, se requiere de los administradores, que cada uno sea hallado fiel.*

1 Corintios 4:1-2

También Pablo instruye a los efesios:

> *Así que tengan cuidado de su manera de vivir. No vivan como necios, sino como sabios, ¹⁶aprovechando al máximo cada momento oportuno, porque los días son malos.*

Efesios 5:15-16.

En los salmos encontramos que Moisés oró: *"Enséñanos a contar bien nuestros días, para que nuestro corazón adquiera sabiduría"* (Salmo 90:12). La oración de Moisés nos asegura que habrá paz en el alma en medio del afán de cada día.

a) Administrar el tiempo

El manejo del tiempo tiene un valor importantísimo en todo tipo de administración. Si no ordenamos adecuadamente la administración de lo que Dios nos dado, será muy difícil obtener resultados satisfactorios. Sigamos el consejo de Eclesiastés: *"Todo tiene su tiempo, y todo lo que se quiere debajo del cielo tiene su hora"* (Eclesiastés 3:1).

Cuando usamos buenas estrategias al organizar el tiempo que le vamos a dedicar a cada compromiso, los resultados en términos de logros y paz mental son de gran satisfacción. Tengamos claro el tiempo que tenemos para cada responsabilidad que como siervos del Señor tenemos que llevar a cabo cada día. Determinemos a cuáles tareas darle prioridad y cuales debemos reducir. Así evitaremos el agotamiento físico y mental.

El liderazgo de Jesús se caracterizó por hacer la voluntad de su Padre Celestial y ayudar a los demás a entender y vivir su Evangelio. El liderazgo de Jesús y su manejo del tiempo son temas fascinantes y dignos de reflexión.

Jesús demostró un estilo de liderazgo único, centrado en la humildad, el servicio y la compasión.

Nosotros, como siervos del Señor, tenemos a cargo un rebaño que atender por medio de la consejería, las visitas, las llamadas, el estudio, la lectura y la capacitación de la congregación. ¡Tendremos que dar cuenta al Señor, cuando nos reclame! Así que, amado lector, no descuidemos del buen manejo de nuestras tareas, procurando siempre seguir el plan divino. Si somos disciplinados a la hora de controlar nuestras rutinas y limitar nuestros objetivos, no hay duda que tendremos paz en el alma y que nuestra trayectoria será de bendición. Nuestros logros o fracasos dependen de la manera que usamos el tiempo. Pablo les dijo a los efesios: *"Miren atentamente como viven, y no procedan como necios sino como personas sensatas, aprovechando bien el tiempo"* (Efesios 5:16).

A menudo nos encontramos tensos, desenfocados y sin descanso. ¿Dónde está el error? Quizás en nuestra forma de gestionar nuestras responsabilidades. Comprendamos que el tiempo, como todos los demás dones, es un regalo que Dios nos ha confiado. Controlemos nuestro tiempo y dejemos que el Espíritu Santo nos guíe para administrarlo según la sabiduría divina, en lugar de vivir según nuestras prioridades o según las presiones del entorno.

b) Administrar las finanzas

Otra área que debemos abordar son nuestras finanzas. En el relato de Génesis, encontramos un modelo extraordinario que nos invita a reflexionar. Dios creó todo en orden y asignó nombres y directrices a cada aspecto de su obra creativa. Si aprendemos de este modelo, nuestra labor pastoral será muy exitosa.

En línea con esto, debemos cuidar y utilizar sabiamente las herramientas que el Señor nos ha proporcionado para la labor de la siembra y la cosecha. Esto nos recuerda la importancia de gestionar bien nuestras finanzas personales y las de la iglesia. Además, es crucial mantener una perspectiva espiritual y evitar dejarnos llevar por los intereses humanos.

Si somos fieles al Señor, Dios nos ayudará a terminar con éxito la carrera. Por lo tanto, nuestros objetivos deben estar claramente definidos y siempre en diálogo con el Señor a través de la oración. También debemos estar abiertos a consultar con la mesa directiva o junta de oficiales de la iglesia, buscando siempre el mejor modelo a la luz de la Palabra de Dios.

Este desafío nos recuerda que debemos tomar en serio nuestra responsabilidad administrativa si queremos tener éxito en la administración de las bendiciones que Dios nos ha confiado.

Por lo tanto, estamos llamados a administrar bien la viña como siervos del Señor, fieles al llamado divino. En el Evangelio de Lucas, encontramos un escenario que ilustra el gran desafío que Dios nos impone con respecto a los bienes que nos ha encomendado administrar. Jesús dijo:

> *Bienaventurado aquel siervo al cual, cuando su señor venga, le halle haciendo así, porque a todo aquel a quien se haya dado mucho, mucho se le demandará; y al que mucho se le haya confiado, más se le pedirá.*
>
> Lucas 24:48

El evangelio es universal, pero su presentación debe ser accesible y significativa para cada comunidad.

Comprender las costumbres, los valores y las preocupaciones de la iglesia local permite que el mensaje de Cristo tenga un impacto profundo sin comprometer su verdad. Jesús ejemplificó esto durante su ministerio al relacionarse con personas de diversos orígenes, utilizando parábolas culturalmente relevantes y mostrando empatía hacia sus circunstancias. Hoy, los líderes y creyentes tienen la responsabilidad de seguir este ejemplo, escuchando con sensibilidad y compartiendo el evangelio de una manera relevante y transformadora.

Es interesante observar cómo esta realidad nos muestra los pasos que debemos seguir. En primer lugar, debemos tener presente el temor a Jehová y la honestidad como principios rectores en nuestra vida. Además, no debemos olvidar que todo proviene de Dios. En Crónicas, encontramos la afirmación que dice:

> ¡Tuyos son, Señor, la grandeza, el poder, la gloria, el dominio y la majestad! Porque todo lo que hay en el cielo y en la tierra es tuyo. Tuyo es también el reino, pues tú, Señor, eres superior a todos.

1 Crónicas 29:11

Dios nos ha dado la sabiduría necesaria para manejar nuestras finanzas con prudencia. En la Palabra, encontramos un marco lógico para los principios financieros, incluyendo el trabajo, las ganancias, los gastos, los ahorros, las inversiones, el dar, la eliminación de deudas y la educación financiera familiar.

En segundo lugar, debemos reconocer nuestra responsabilidad de devolver a Dios todo lo que le pertenece. Malaquías 3:10 (DHHE) exhorta al pueblo a:

> Traed vuestro diezmo al tesoro del templo y así habrá alimentos en mi casa. Ponedme en eso a prueba, a ver si no os abro las ventanas del cielo para vaciar sobre vosotros la más rica bendición.

En tercer lugar, ser un administrador organizado y cuidadoso que trabaja y construye a nivel de presupuesto en diálogo con los líderes de la iglesia. Además, debemos administrar con equilibrio, sinceridad, honestidad y con metas y objetivos bien definidos. Este proceder, llevado a cabo a la luz del temor a Jehová, tendrá como resultado paz y tranquilidad en nuestra trayectoria ministerial. Cuando un pastor o líder espiritual administra con equilibrio y claridad, guiado por metas bien definidas, la iglesia experimenta un crecimiento sano y armonioso donde la fe se fortalece, la enseñanza se profundiza y la convivencia se enriquece.

En Lucas, encontramos una gran recomendación que nos capacita y nos orienta a entender cuáles son los pasos para una administración:

> ...si alguno de vosotros quiere construir una torre, ¿acaso no se sentará primero a calcular los gastos y ver si tiene dinero para terminarla? No sea que, una vez puestos los cimientos, si no puede terminarla, todos los que lo vean comiencen a burlarse de él, diciendo: Este hombre empezó a construir, pero no pudo terminar.
>
> Lucas 14:28-30

También es importante tener claro que en la administración de las finanzas personales y de la iglesia haya una buena comunicación con los miembros de la iglesia, con cuentas claras en armonía y consenso. No hay duda de que el resultado será que podremos cantar a los cuatro vientos que hemos cumplido con el trabajo glorioso de la misión de Cristo y su iglesia en el mundo contemporáneo. Seamos, pues, buenos administradores ante Dios y la sociedad que nos está vigilando en nuestra trayectoria. A la sazón, Pablo dijo a los corintios:

> *Así, pues, téngannos los hombres por servidores de Cristo, y administradores de los misterios de Dios. Ahora bien, se requiere de los administradores, que cada uno sea hallado fiel.*
>
> 1 Corintios 4:1-2

La iglesia debe reflejar el orden que Cristo desea en su cuerpo. En otras palabras, el orden debe impregnar todo lo que hacemos. Esto implica conocer nuestras metas diarias principales y tener una lista clara de tareas priorizadas, incluyendo la administración.

Seamos disciplinados en la administración de todo lo que el Señor nos confía, recordando siempre nuestra responsabilidad de ser fieles a Dios. Confiamos en que el Señor tiene el control y buscamos su orientación divina al tomar decisiones, asegurándonos de que estén basadas en principios y valores éticos divinos.

La Biblia nos enseña que la administración sabia implica responsabilidad y cuidado adecuado de los recursos que se nos han encomendado. Esto nos desafía a seguir el orden divino en todas las tareas de la iglesia, priorizando la buena organización. Una organización efectiva dentro de la iglesia es crucial para que cada tarea refleje el orden divino y se ejecute con excelencia.

La buena administración, el trabajo en unidad y la dirección del Espíritu Santo garantizan que cada ministerio y área de servicio funcione en armonía. Esto asegura que el mensaje de Cristo se transmita con claridad y poder, impactando la vida de las personas y llevándolas a una relación más profunda con Dios.

Además, debemos asegurarnos de que la buena administración de lo que Dios nos ha dado debe ser siempre nuestra máxima prioridad en todo lo que hagamos. No debemos dejar las cosas para el último momento, ya que esto puede conducir a conflictos en nuestra adoración a Dios. Esta situación es lamentable porque refleja la irresponsabilidad y la falta de compromiso de administrar lo que Dios nos ha confiado como líderes. Debemos cuidar y guiar al rebaño que Dios nos ha encomendado. Recordemos las palabras del salmista cuando dijo: *"De Jehová es la tierra y su plenitud; El mundo, y los que en él habitan"* (Salmo 24:1). También, Hageo afirma que todo es del Señor: *"Mía es la plata, y mío es el oro, dice Jehová de los ejércitos"* (Hageo 2:9).

Por lo tanto, amados lectores, tengamos en cuenta que nuestra manera de administrar las finanzas será un reflejo de nuestra condición interior y una promesa de cómo administraremos en el aquí y en el ahora. Por lo tanto, seamos fieles al Señor:

> *El que es fiel en lo muy poco, también en lo más es fiel; y el que en lo muy poco es injusto, también en lo más es injusto. ¹¹Pues si en las riquezas injustas no fuisteis fieles, ¿quién os confiará lo verdadero?*
>
> Lucas 16:10-11

La enseñanza de Jesús aquí también nos exhorta a evaluar cómo administramos nuestras bendiciones y recursos, asegurándonos de que nuestra actitud sea justa y alineada con su voluntad.

Además, es una bendición poder comprender que la fidelidad como líderes es una de las bendiciones que Dios nos ha dado. La Biblia nos relata en Génesis que Dios le otorgó al hombre la capacidad de ser mayordomos de la tierra:

> Y creó Dios al hombre a su imagen, a imagen de Dios lo creó; varón y hembra los creó. 28Y los bendijo Dios, y les dijo: Fructificad y multiplicaos; llenad la tierra, y sojuzgadla, y señoread en los peces del mar, en las aves de los cielos, y en todas las bestias que se mueven sobre la tierra.
>
> Genesis 1:27-28

De acuerdo a este mandato, su deber del hombre es administrar el mundo material y todas las creaciones divinas, demostrando una fidelidad inquebrantable a Dios para el beneficio de la humanidad. Esto es un gran desafío en estos tiempos difíciles, donde los ataques constantes amenazan con destruir nuestra fe.

Si somos buenos administradores, el Espíritu Santo nos ayudará a darle dirección al pueblo para que canalice sus esfuerzos y energías de manera efectiva, caminando por la senda correcta hasta llegar a la meta que Dios nos tiene preparada.

En Lucas encontramos la regla para el éxito:

> Ningún siervo puede servir a dos señores; porque o aborrecerá al uno y amará al otro, o estimará al uno y menospreciará al otro. No podéis servir Dios y a las riquezas.
>
> Lucas 16:13.

También en Colosenses Pablo dice:

...todo lo que hagáis, hacedlo de corazón, como para el Señor y no para los hombres; 24 sabiendo que del Señor recibiréis la recompensa de la herencia, porque a Cristo el Señor servís,25 más el que hace injusticia, recibirá la injusticia que hiciere, porque no hay acepción de personas.

Colosenses 3:23-25

Y a los filipenses Pablo dijo:

No lo digo porque tenga escasez, pues he aprendido a contentarme, cualquiera que sea mi situación. 12 sé vivir humildemente, y sé tener abundancia; en todo y por todo estoy enseñado, así para estar saciado como para tener hambre, así para tener abundancia como para padecer necesidad, 13 todo lo puedo en Cristo que me fortalece."

Filipenses 4:11-13

La fidelidad en la buena administración de lo que Dios nos ha confiado implica ser leales y diligentes en el manejo de los recursos y talentos que el Señor nos ha dado. Debemos reconocer que todo lo que poseemos, ya sean bienes materiales, habilidades o tiempo, son dones de Dios. Por lo tanto, debemos usarlos de manera responsable y para su gloria, asegurándonos de que el nombre del Señor sea glorificado.

Todo lo que tenemos es un regalo divino, y nuestra responsabilidad es administrarlo con sabiduría y gratitud. Cuando usamos nuestros bienes, talentos y tiempo para la gloria de Dios, reflejamos su amor y propósito en nuestras vidas.

La mayordomía cristiana no se limita a cómo manejamos nuestras posesiones; también abarca cómo servimos a los demás y cómo vivimos con integridad. Al reconocer que cada bendición proviene de Dios, nuestro enfoque cambia, pues buscamos honrarle en cada acción y decisión. Como creyentes, nuestra responsabilidad es reconocer que todo lo que tenemos y somos debe estar al servicio de Dios. Cuando usamos nuestros dones, recursos y tiempo para su gloria, reflejamos su amor y propósito en nuestras vidas. La mayordomía cristiana no solo se trata de administración; también implica fidelidad y gratitud.

SU RESPONSABILIDAD ÉTICA

Otro aspecto crucial que un líder debe destacar en su trayectoria pastoral es la conducta ética en todas las circunstancias. Esto implica que sus acciones deben reflejar el temor a Jehová en todas sus relaciones, ya sea con su familia, la iglesia o la comunidad.

Para lograr esto, un líder debe ser capaz de identificar rápidamente las conductas anti éticas y las situaciones abusivas en el contexto de las relaciones ministeriales e interpersonales. Además, debe estar dispuesto a tomar las medidas necesarias para prevenir comportamientos negativos en su ministerio.

La humildad es una cualidad esencial para un líder que Dios ha llamado para ser de bendición a otros. Un líder humilde no se envanece en creerse que lo sabe todo, sino que reconoce que su sabiduría y fuerza provienen de Dios. Al mantener una actitud de oración y buscar constantemente la guía divina, un líder puede cultivar relaciones éticas saludables.

Finalmente, como siervo del Señor, un líder debe ser un modelo de crecimiento, buscando siempre mejorar y pensando siempre en el prójimo, siguiendo el ejemplo de Jesús. La humildad es una cualidad esencial para un buen pastor. Un pastor humilde reconoce que su función es servir a los demás y guiar a su rebaño con amor y compasión. La humildad implica escuchar y aprender de los demás, admitir errores y estar dispuesto a pedir ayuda. Un pastor humilde no busca la gloria personal, sino el bienestar de su comunidad.

Capítulo 4
La teología del pastor predicador

En este capítulos nos acercamos al tema de la teología cristiana, resaltando la importancia de creer y enseñar sana doctrina.

DEFINICIÓN

La teología es el estudio de Dios, sus atributos y su relación con el universo. También analiza las doctrinas de la fe. Se basa en la revelación divina, la Biblia, la razón y la tradición para comprender los principios espirituales y aplicarlos a la vida. Abarca diversas áreas, como la teología bíblica, sistemática, histórica y práctica. En esencia, busca profundizar en el conocimiento de lo sagrado y su impacto en el ser humano y la sociedad.

TRASFONDO HISTÓRICO DE UNA CORRECTA TEOLOGÍA

El mejor ejemplo de entender como es nuestra teología es comparar si se parece a la de Jesús. En el Evangelio de Lucas, hay una historia iluminadora con detalles sobre la teología de Jesús. Lucas relata que Jesús, después de resucitar de los muertos, se encontró con dos creyentes que iban camino a Emaús, molestos y confundidos, porque no habían entendido el plan divino en cuanto a la vida y ministerio de Jesús. Dice el relato que fue en ese momento cuando Jesús se revela a sus seguidores a través de las Escrituras. ¡Aunque estos caminantes habían sido seguidores de Jesús tenían una teología equivocada! Los discípulos le preguntan: *"¿Eres tú el único visitante en Jerusalén que no sabe las cosas que en ella han acontecido en estos días?"* (Lucas 24:18) .En respuesta, Jesús los confronta:

> *¿No era necesario que el Cristo padeciera todas estas cosas y entrara en Su gloria?'. Comenzando por Moisés y continuando con todos los profetas, les explicó lo referente a Él en todas las Escrituras.*
>
> Lucas 24:15-27

Este encuentro demuestra cuan preparado estaba el predicador de Galilea para exponer el mensaje con propiedad, firmeza y resultados. La teología de Jesús como predicador fue de tanta bendición que los caminantes de Emaús regresaron a Jerusalén a unirse con los hermanos a adorar a Dios, todos juntos.

La teología del predicador no se basaba en palabrerías vacías ni en argumentos infundados, sino en la unción y el fuego divino que tocó los corazones de los caminantes a Emaús. Desde esta perspectiva teológica, Jesús describe su vida, muerte, resurrección y su misericordia, ofreciendo perdón a todos los que lo buscan en todas las naciones. Como predicadores, es una gran bendición aprender de la teología de Jesús en su trayectoria como predicador. Esto nos recuerda la urgencia de ser plenamente conscientes de que el mundo contemporáneo exige que quienes predicamos la Palabra de Dios tengamos una comprensión clara de la teología que guía nuestra exposición del mensaje ante un mundo que se desmorona. En el ejemplo de los dos caminantes, podemos observar cómo gradualmente comienzan a comprender la historia de la resurrección milagrosa del Mesías, mostrando cómo la fe y la comprensión pueden crecer gradualmente hasta alcanzar una comprensión clara de la verdad de la resurrección.

Por lo tanto, debemos cuidarnos de no ser *"insensatos y tardos de corazón para creer"* (Lucas 24:25). Este ejemplo nos llama a comprender que cuando nuestro marco teológico es claro, nuestra conducta cambia y da frutos de amor. Como resultado de su alegría, los caminantes ofrecen su hospitalidad a Jesús: *"Quédate con nosotros, porque está atardeciendo, y el día ya ha declinado"* (Lucas 24:29) .Jesús bendice este pequeño acto de generosidad con la revelación de su presencia. Los caminantes finalmente reconocen a Jesús al partir el pan: *"...y se decían el uno al otro: "¿No ardía nuestro corazón mientras conversaba con nosotros en el camino y nos explicaba las Escrituras?"* (Lucas 24:32).

Este profundo relato teológico nos invita a imitar la pedagogía teológica de Jesús. Además, este encuentro teológico nos brinda un escenario reflexivo que nos llama a tener en cuenta las necesidades de los caminantes que encontramos como peregrinos desorientados en busca de respuestas.

La teología de Jesús tenía un propósito bien definido: su misión. Entendía claramente su propósito y dedicaba su vida, agenda y energía a cumplirlo. Jesús, en su trayectoria teológica, demostró una extraordinaria destreza pedagógica. Penetraba en el mundo interior de los caminantes, escuchaba y comprendía sus interrogantes, incluso en medio de su confusión teológica. Su destreza para penetrar en su mundo fue extraordinaria, lo que le permitió comprender su confusión y orientarlos con un diálogo fecundo. Jesús no solo enseñó, sino que también acompañó a las personas en su proceso de fe.

Su forma de escuchar y responder a las dudas con paciencia y claridad es un ejemplo poderoso para todos los que desean compartir el evangelio. Jesús no impuso la verdad de manera rígida, sino que con amor y sabiduría penetró en la realidad de quienes estaban confundidos, guiándolos con una pedagogía celestial.

Su pedagogía no solo transmitía conocimiento, sino que conectaba con la realidad interior de cada persona, comprendiendo sus inquietudes y guiándolas con paciencia y amor. Jesús es el modelo por excelencia de un líder. En su misión, no solo predicaba, sino que también educaba y confortaba, creando un ambiente sanador que traía libertad al cautivo. Como líder, comprendió las necesidades espirituales más urgentes de las sociedades, las familias e individuos. En su trayectoria, tan impresionante, su mensaje penetraba en lo más profundo del corazón de los que lo oían. No solo reconocían la importancia inmediata de creer, sino que también cambiaban su trayectoria equivocada por una que los llevaba a vivir la vida que agrada a Dios.

La extraordinaria forma de hablar de Jesús, junto con su visión única de las prioridades y su profunda empatía por los marginados, lo convirtió en una figura cautivadora. Su mensaje resonó profundamente entre los humildes, quienes lo siguieron con devoción, mientras que los líderes inteligentes buscaban su sabiduría. Las mujeres y los niños encontraron consuelo en su presencia, mientras que las autoridades políticas y religiosas lo veían como una amenaza. El ejemplo de liderazgo de Jesús nos enseña que para tener un impacto significativo en la vida de quienes nos rodean, debemos acercarnos a ellos con compasión y comprensión, reconociéndolos como individuos que anhelan amor y apoyo.

Además, el diálogo de Jesús con los caminantes de Emaús que fue coherente. Habló con ellos con confianza, transparencia y verdad. Fue directo en su diálogo, pero a la vez amoroso, guiando a los discípulos hacia aquella verdad que aún no habían comprendido completamente.

Aprendamos de la teología del Gran Maestro de Galilea, quien, a través de sus interacciones con los caminantes a Emaús, nos enseña a ser modelos de humildad, amor inquebrantable y servicio desinteresado. Debemos estar dispuestos a redimir a los caídos, trabajar más que los demás y servir con sencillez de corazón, alegría y un espíritu inquebrantable.

La teología es nuestra interpretación de Dios y de su revelación a través de las Sagradas Escrituras, particularmente a través de su hijo Jesucristo. También incluye el estudio de cómo Dios se revela a sí mismo, sus obras y su plan para salvar a todos los que lo invocan. La teología nos guía para vivir según los mandamientos divinos de Dios.

Cuando incorporamos la teología en nuestra predicación, nuestro objetivo es capacitar a los oyentes para que vivan una vida plena y satisfactoria con Dios. Les ayudamos a comprender que todo lo que Dios revela de sí mismo y de sus obras es para la bendición de aquellos que lo invocan.

En resumen, la teología debe reflejar el mensaje de Jesús y la ruta hermenéutica del mensaje divino:

> *Jesús dijo, El primer mandamiento de todos es: Oye, Israel; el Señor nuestro Dios, el Señor uno es.* [30]*Y amarás al Señor tu Dios con todo tu corazón, y con toda tu alma, y con toda tu mente y con todas tus fuerzas.*
>
> Marcos 12:28-31

Finalmente, nuestra teología tiene que reflejar el propósito salvador eterno de Dios para que el oyente comprenda que Jesús es la fuente por excelencia de la seguridad de salvación. Es una poderosa herramienta que proporciona conocimientos profundos sobre la fe, para que podamos entender el sacrificio del Señor Jesús al dar su vida por la humanidad: *"Porque el Hijo del Hombre vino a buscar y a salvar lo que se había perdido"* (Lucas 19:10).

Capítulo 5
Trayectoria de algunos siervos de Dios en Antiguo Testamento

En este capítulo, invitamos al lector a examinar algunas características de las trayectorias de varios líderes bíblicos del Antiguo Testamento.

NOÉ

La historia bíblica describe cuán difícil es cumplir con el llamado divino en una sociedad en crecimiento, con grandes problemas morales y con algunas personas totalmente enajenadas del consejo divino. Esta conducta del pueblo hizo que Dios le dijera a Noé, lo siguiente: *"He decidido poner fin a toda carne, porque la tierra está llena de violencia por causa de ellos; por eso voy a destruirlos junto con la tierra"* (Génesis 6:13).

El relato describe cual era la condición del pueblo: *"Dios miró a la tierra, y vio que estaba corrompida, porque toda carne había corrompido su camino sobre la tierra"* (Génesis 6:12). Los datos que se desprenden del relato desafían la función de Noé como líder en su época. En primer lugar, su visión futurista le permitió comprender la condición de la nación y las medidas que debía tomar ante lo que estaba por venir. En segundo lugar, reconoció la urgencia de utilizar sus habilidades de constructor, guiadas por el diseño divino, y construyó el arca para esa época específica. En tercer lugar, transmitió un mensaje a la gente, invitándolos a entrar en el arca para escapar del inminente juicio. Noé se enfrentó a un desafío extraordinario como líder en su tiempo. Su misión exigía no solo fe y obediencia, sino también una inquebrantable resistencia ante la incredulidad y el rechazo de su entorno. La tarea de construir el arca y prepararse para el diluvio, mientras el mundo continuaba en su incredulidad, exigía una confianza absoluta en la dirección de Dios.

El relato bíblico describe los pasos necesarios para la salvación. En primer lugar, llegar al momento del llamado y aceptar la invitación antes de que la puerta del Arca se cerrara. En segundo lugar, todos los que entraran debían compartir la visión para mantenerse a flote. Génesis 7:23-24 indica que la gente ignoró la advertencia y decidió no entrar al Arca.

> *Así fue destruido todo ser que vivía sobre la faz de la tierra, desde el hombre hasta la bestia, los reptiles, y las aves del cielo; y fueron raídos de la tierra, y quedó solamente Noé, y los que con él estaban en el arca. [24] y prevalecieron las aguas sobre la tierra ciento cincuenta días.*

Noé, a lo largo de su trayectoria, ejemplificó una firmeza inquebrantable como líder. A pesar de la presión de la gente, se mantuvo firme en su decisión de cumplir el mandato de Dios. Su sentido de responsabilidad, obediencia y firmeza brillaron mientras enfrentaba el gran desafío de guiar a un pueblo rebelde que se resistía a obedecer el llamado divino. Según nos dice el relato: *"y lo hizo así Noé; hizo conforme a todo lo que Dios le mandó"* (Génesis 6: 22). Noé es un gran ejemplo de obediencia, fidelidad, persistencia, firmeza y lealtad. Cuando Dios lo llamó para construir el arca, respondió con prontitud y dedicación. Este gran sentido de responsabilidad exigía que se atuviera fielmente al diseño divino. El relato bíblico describe los resultados después de que el diluvio llegara a su fin. Esta victoria llevó al siervo Noé, a darle gracias a Dios y levantar un altar a Jehová: *"bendijo Dios a Noé y a sus hijos, y les dijo: Fructificad y multiplicaos, y llenad la tierra"* (Génesis 9:1).

Noé, caracterizado por su personalidad enigmática y su extraordinaria determinación, se ganó la confianza de la gente. Este relato también ofrece un mapa para que líderes hoy logren el éxito en sus empresas. A la luz de este relato bíblico, podemos diseñar un camino que sirva de faro para los predicadores del consejo divino y sus oyentes, guiándolos para que escapen de los juicios venideros y alcancen la salvación.

El ejemplo de la conducta del pueblo en los días de Noé debería servirnos de advertencia sobre los grandes desafíos que enfrentamos en el presente. Como nos recuerda el relato bíblico:

> *Mas como en los días de Noé, así será la venida del Hijo del Hombre. 38 porque como en los días antes del diluvio*

> *estaban comiendo y bebiendo, casándose y dando en casamiento, hasta el día en que Noé entró en el arca, ³⁹ y no entendieron hasta que vino el diluvio y se los llevó a todos, así será también la venida del Hijo del Hombre.*
>
> Mateo 24:37-39

Esto nos indica, que debemos tener clara nuestra misión como líderes del Señor: predicar el mensaje que salva. Empero, el relato también nos advierte que no vamos a escapar de la opinión de la gente negativa que, a través de nuestra trayectoria, serán piedras de tropiezo. Por tal razón, debemos estar apercibidos, con los ojos puestos en Jesús. Mantener la mirada en Jesús implica vivir con fe, esperanza y amor, sin perderse en las distracciones del mundo.

JOB

Veamos a Job, un hombre que ejemplificó un modelo de liderazgo caracterizado por la paciencia, la fidelidad y la resistencia ante las adversidades. Su profunda fe en Dios, a pesar de las inmensas dificultades que enfrentó, es realmente inspiradora.

El Libro de Job narra sus momentos de angustia como líder y padre de familia, enfrentando la pérdida de sus posesiones, hijos y salud. Su paciencia y fe son citadas en el Nuevo Testamento como un ejemplo de perseverancia para todos los líderes y creyentes.

> *He aquí, tenemos por bienaventurados a los que sufren. Habéis oído de la paciencia de Job, y habéis visto el fin*

del Señor, que el Señor es muy misericordioso y compasivo.

Santiago 5:11

Como Líder, Job era conocido por su pueblo como un modelo de justicia y rectitud. Y más importante aún, Dios lo describe como un varón perfecto, temeroso y apartado del mal: *"Hubo en tierra de Uz un varón llamado Job; y era este hombre perfecto y recto, temeroso de Dios y apartado del mal"* (Job 1:1). Además, fue conocido por su integridad y rectitud. Incluso frente a pruebas extremas, mantuvo su honestidad y principios. Un buen líder debe ser un ejemplo de integridad para ganarse la confianza de su equipo. También fue un líder que no titubeó y enfrentó los problemas sin perder la fe. Su tenacidad en tiempos de adversidad es un modelo que puede inspirar a los líderes a perseverar y mantener la calma en momentos difíciles, ya sean de afuera o de adentro. Era un hombre íntegro que no solo obedecía a Dios en su vida personal, sino que también era reconocido en su comunidad como alguien confiable y sabio.

ABRAHAM

La historia bíblica describe el escenario dónde Dios le ordena a su siervo a salir de su tierra para cumplir una misión:

> *Pero Jehová había dicho a Abram: Vete de tu tierra y de tu parentela, y de la casa de tu padre, a la tierra que te mostraré. ² y haré de ti una nación grande, y te bendeciré, y engrandeceré tu nombre, y serás bendición. ³ bendeciré a los que te bendijeren, y a los que te maldijeren maldeciré; y serán benditas en ti todas las*

familias de la tierra. ⁴ Y se fue Abram, como Jehová le dijo.

Génesis 12:1-4

Las palabras del autor de la Epístola a los Hebreos son elocuentes: *"Por la fe Abraham obedeció cuando fue llamado para salir al lugar que había de recibir en herencia. Y salió sin saber adónde iba"* (Hebreos 11:8 NVI).

Es indiscutible que, en nuestra trayectoria como siervos del Señor, el ejemplo de Abraham al llamado de Dios sirve como un excelente modelo para que todas las personas que Dios llama. Aprendamos de Abraham a ser obedientes y, con una fe inquebrantable, creer en lo que Dios dice.

Esto implica que debemos estar dispuestos a actuar sin titubear, porque cuando Dios nos comisiona, no importa lo difícil y complicado que sea la tarea. Dios nos cuidará en nuestro caminar. Abraham confió en su Señor y mantuvo su fe a lo largo de su servicio a Dios. Se destaca su capacidad para adaptarse a cada circunstancia de su vida, manejándolas con sabiduría, sin titubear y con firmeza. Además, es extraordinario ver cómo se destacó como un líder orientador y visionario. Cada vez que se dirigía al pueblo, lo hacía con autoridad y un tacto afectivo que los motivaba a seguir adelante hasta alcanzar su meta.

Su discurso tenía como objetivo motivar al pueblo a ser fiel a Dios y mantener la fe, a pesar de los mensajes negativos y las dudas que experimentaran, los cuales los desorientaban y confundían. Otra característica de Abraham era su comprensión de la situación de cada persona, ya que se comunicaba constantemente con el pueblo. Abraham tenía en cuenta a quienes le ayudaban y los motivaba a buscar siempre el crecimiento en su formación como personas. Su vida como líder siempre demostró un modelo de fuerza, fe, confianza, obediencia y una firmeza inquebrantable frente a los desafíos y la adversidad.

Lo más extraordinario fue que, a los noventa años, su esposa Sara quedó embarazada y tuvo a Isaac, conocido como el hijo de la promesa. Finalmente, nació el primer hijo de la descendencia incontable que Dios les había prometido. Sin embargo, hay otro detalle que emerge en su trayectoria como siervo de Dios, particularmente como padre: el momento cuando Dios le ordena sacrificar a su hijo Isaac.

El relato describe cómo Abraham se sometió a la obediencia, escuchando y obedeciendo la voz de Dios. Podemos comparar su actitud con la del salmista, cuando dijo: *"Me apresuraré y no me retarde obedecer tus mandatos"* (Salmo 119:60). Otro dato impresionante es el diálogo constructivo que Abraham sostiene con su hijo. Isaac, que lleva la madera para el sacrificio, nota la ausencia del cordero y le pregunta a su padre: *"¿Dónde está el cordero para el holocausto?"* (Genesis 22:7). Y él le contesta con fe inquebrantable, *"Dios se proveerá de cordero para el holocausto, hijo mío"* (Genesis 22:8).

Abraham, un líder ejemplar, nos ofrece a los siervos del Señor en el presente siglo un ejemplo extraordinario de trayectoria espiritual. En primer lugar, es asombroso ver cómo a los 75 años Dios se comunicó con él, lo llamó y le ordenó abandonar su tierra y todo lo que tenía para ir a la tierra que Dios le mostraría. En segundo lugar, Dios no solo llamó a Abraham, sino que hizo un pacto con él, prometiendo hacer de él una gran nación y bendecirlo en gran manera. Y en tercer lugar, a través de él, todas las familias de la tierra recibirían bendición. En conclusión, este relato describe la capacidad de este líder para orientar de forma visionaria y dirigir a su pueblo con gran habilidad, guiándolos en su trayectoria hasta llegar a Canaán en total obediencia a Dios. La vida de Abraham es un modelo de lo que Dios quiere hacer en cada líder en su trayectoria.

Las palabras de Pablo sobre la fe de Abraham son elocuentes:

> *Él creyó en esperanza contra esperanza, para llegar a ser padre de muchas gentes, conforme a lo que se le había dicho: Así será tu descendencia, 19 y no se debilitó en la fe al considerar su cuerpo, que estaba ya como muerto (siendo de casi cien años), o la esterilidad de la matriz de Sara.*
>
> Romanos 4:18-19

Abraham, es una figura central en la Biblia reconocida por su fe inquebrantable y sus cualidades de liderazgo. En su trayectoria como líder, demostró su liderazgo al interceder por las ciudades de Sodoma y Gomorra, rogando a Dios que las perdonara si se encontraban personas justas en ellas. Además, la demostración más profundas del liderazgo de Abraham fue su disposición a sacrificar a su hijo Isaac como acto de obediencia a Dios. Este acto de fe y obediencia es un ejemplo poderoso de su compromiso con la voluntad de Dios.

JOSÉ

A lo largo de su vida, José también demostró ser un líder responsable y dedicado a su misión. La historia nos cuenta que ejerció su liderazgo tanto en la cárcel como en posiciones de autoridad. A pesar de ser esclavo en Egipto, la voluntad divina lo llevó a convertirse en la segunda persona más poderosa del reino.

El éxito de José se atribuye a su capacidad de adaptación, fortaleza de carácter, coraje e integridad. Estas cualidades se reflejan en sus palabras a sus hermanos, que revelan su corazón familiar y su comprensión del propósito divino que Dios tenía para él como líder.

> *Entonces José dijo a sus hermanos, acérquense a mí, por favor. Ellos se acercaron, y él les dijo: "Yo soy José su hermano, el que vendieron para Egipto. 5Ahora pues, no se entristezcan ni les pese el haberme vendido acá, porque para preservación de vida me ha enviado Dios delante de ustedes. 6Ya han transcurrido dos años de hambre en medio de la tierra, y todavía quedan cinco años en que no habrá ni siembra ni siega, 7pero Dios me ha enviado delante de ustedes para preservarles posteridad en la tierra, y para darles vida mediante una gran liberación, 8así que no me enviaron ustedes acá, sino Dios, que me ha puesto como protector del faraón, como señor de toda su casa y como gobernador de toda la tierra de Egipto.*

Génesis 45:4-8 NVI

La actitud de José como líder revela que él entendió su misión cuando actuó con misericordia, organizo al pueblo y sometió su voluntad a la intención de Dios:

> *Vosotros pensasteis mal contra mí, más Dios lo encaminó a bien, para hacer lo que vemos hoy, para mantener en vida a mucho pueblo.*
>
> Génesis 50:20

José, un líder temeroso de Dios, demostró una conducta ejemplar a pesar de las dificultades que enfrentó, incluyendo el acoso de la esposa de Potifar y la oposición de otros en la casa. Tenía una relación clara con Dios y confiaba en que el Señor no lo abandonaría durante los momentos difíciles. Como líder, se mantuvo firme en sus responsabilidades, seguro de que Dios, quien lo había elegido, no lo dejaría solo. Además, resistió la tentación de dejarse llevar por los recuerdos negativos del pasado y se mantuvo enfocado en su papel como líder.

La trayectoria de José como líder nos ofrece una visión extraordinaria de cómo Dios ejerce su autoridad divina para frustrar los planes de los malvados y cumplir el propósito divino. A pesar de sus sufrimientos, José finalmente reconoció la mano de Dios en su vida cuando reveló su identidad a sus hermanos, hablando con tacto sobre sus acciones: *"No se entristezcan ni se culpen por haberme vendido aquí. Dios me envió delante de ustedes para preservar la vida"* (Génesis 45:5).

En segundo lugar, estaba completamente seguro de que las intenciones más perversas del hombre nunca podrían frustrar el plan perfecto de Dios. Como dijo José: *"Vosotros pensasteis mal contra mí, más Dios lo encaminó a bien, para hacer lo que vemos hoy, para mantener en vida a mucho pueblo"* (Génesis 50:20).

Y, en tercer lugar, en su reacción como líder podemos ver que ya los había perdonado. José perdonó a su familia. Las vivencias familiares, no importa cual haya sido la situación, son oportunidades que Dios nos regala para ser modelos tanto en el núcleo de la misma como ante el mundo que nos rodea.

MOISÉS

En este otro líder, encontramos el comienzo de su trayectoria, cuando Dios lo llamó. El relato nos dice:

> *Apacentando Moisés las ovejas de Jetro su suegro, sacerdote de Madián, llevó las ovejas a través del desierto, y llegó hasta Horeb, monte de Dios. ²y se le apareció el Ángel de Jehová en una llama de fuego en medio de una zarza; y él miró, y vio que la zarza ardía en fuego, y la zarza no se consumía. ³Entonces Moisés dijo: Iré yo ahora y veré esta grande visión, por qué causa la zarza no se quema. ⁴Viendo Jehová que él iba a ver, lo llamó Dios de en medio de la zarza, y dijo: ¡Moisés, Moisés! Y él respondió: Heme aquí. ⁵Y dijo: No te acerques; quita tu calzado de tus pies, porque el lugar en que tú estás, tierra santa es. ⁶Y dijo: Yo soy el Dios de tu padre, Dios de Abraham, Dios de Isaac, y Dios de Jacob".*

Éxodo 3:1-6

Moisés se asombró al ver que el arbusto que ardía no se consumía. Ante esta reacción, Dios instruye a Moisés Es interesante ver cómo Dios repite el nombre de Moisés, usándolo para hacerle un llamado directo que cambiaría su trayectoria. Moisés sería el instrumento elegido por Dios para llevar cumplir la promesa de liberar a Israel de su esclavitud egipcia, por eso le dijo: *"Ven, te enviaré a Faraón para que saques a mi pueblo, los hijos de Israel, de Egipto"* (Éxodo 3:10).

Después de este encuentro con la divinidad, Moisés comienza su trayectoria. Más tarde, se reúne con su hermano Aarón para organizar el proyecto que Dios ha puesto en sus manos. Además, el relato recalca la importancia de guiar al pueblo a puerto seguro, ya que Dios siempre está al tanto de las necesidades de su pueblo, aún de las personas pobres y despreciadas.

Moisés, fue enviado por Dios a transmitir un mensaje al Faraón, un poderoso líder y representante de una nación. Sin embargo, la historia relata que el Faraón desestimó la petición de Moisés de liberar al pueblo y lo trató con desprecio y arrogancia, mostrando un comportamiento errático. El Faraón, sin conocer a Jehová ni temerle ni amarle, se negó a obedecer. Por eso trató cruelmente al pueblo y se negó a permitir que salieran por el desierto.

A pesar de estos desafíos, Moisés, como líder, se mantuvo inquebrantable y recurrió a Dios en busca de orientación. Reconoció que sus palabras y acciones estaban guiadas por Dios, lo que le impidió desanimarse y le permitió cumplir con sus responsabilidades. Esta historia nos recuerda que cuando nos enfrentamos a momentos difíciles, debemos acudir a Dios y buscar su orientación a través de la oración ferviente.

Después de consultar con Jehová, Moisés regresó a Egipto y se presentó ante el Faraón, exigiendo la liberación de Israel.

Una vez más, el Faraón se negó a liberar al pueblo, lo que llevó a Dios a enviar diez plagas sobre Egipto, sacudiendo el corazón del Faraón (Éxodo 7:14-12:36).

Es notable observar cómo el orgullo, la ambición, la codicia y el dominio político fueron los factores determinantes que llevaron al Faraón a su propia destrucción. Su negativa constante demuestra cómo el poder mal utilizado puede llevar a la caída de un líder. Esta historia nos enseña la importancia de la humildad y la capacidad de reconocer cuándo es necesario cambiar de rumbo.

En contraste, es impresionante observar las cualidades de liderazgo de Moisés. A pesar de los desafíos que enfrentó, nunca dudó de su visión ni de su propósito: liberar a los hebreos de la esclavitud en Egipto y llevarlos a la Tierra Prometida. Mostró una valentía inquebrantable al enfrentarse al faraón de Egipto y exigir la liberación del pueblo esclavizado. Su compasión por el bienestar de su pueblo y su tenaz lucha por su libertad y seguridad son ejemplos de sabiduría, paciencia e integridad.

El liderazgo de Moisés al guiar al pueblo hebreo en su viaje hacia la Tierra Prometida ofrece una valiosa lección para los líderes contemporáneos. Nos invita a examinar cómo guió a su pueblo a través de los desafíos. Desde muy joven, Moisés demostró valentía y preocupación por su pueblo. El relato ilustra cómo Dios lo preparó desde niño hasta la adultez, guiándolo hacia su llamado divino de liberar al pueblo de Egipto.

Es indiscutible que su mensaje motivó al pueblo a llegar a la tierra prometida. Al igual que Moisés, podemos confiar en la promesa del Señor: *"Ve, porque yo estaré contigo; y esto te será por señal de que yo te he enviado: cuando hayas sacado de Egipto al pueblo, serviréis a Dios sobre este monte"* (Éxodo 3:12). Moisés, es una figura central en la Biblia; un modelo de paciencia y sabiduría que, a través de su vida, mostró las cualidades positivas de su liderazgo.

JOSUÉ

La trayectoria de Josué como líder, comienza cuando Dios le da el mandato de suceder a Moisés y pasar el río Jordán (Josué 1:1-9). Dios anuncia que estará con él siempre, de la misma manera que estuvo con Moisés. Dios traspasó a Josué la responsabilidad que antes tuvo Moisés. Sería el nuevo guía del pueblo, que aún vivía en una inestabilidad política debido a la lucha contra los pueblos cananeos. Esto provocó levantamientos de los sectores sociales marginados tanto en las ciudades como en los campos donde se concentraban las labores agrícolas. Ante este desafío, Josué, inmediatamente y sin titubear, comienza a ejercer su liderazgo y ordena al pueblo a prepararse para ingresar a Canaán (Josué 1:10-18).

Un dato extraordinario de Josué es su lealtad. Su fidelidad a Jehová se hizo evidente por su lucha contra el numeroso séquito de los falsos dioses cananeos que confundían al pueblo. Ante esta situación, Jehová habla con Josué: *"Tal como prometí a Moisés, les entregaré a ustedes todo lugar que toquen sus pies"* (Josué 1:3 NVI).

Además, Dios le advierte a Josué que para tener éxito en la conquista sería crucial cumplir toda la Ley que le dio a Moisés. El apoyo extraordinario que Dios brindó a su líder nos invita a reflexionar sobre los tiempos gloriosos en los que el pueblo se dejó guiar por Dios y fue bendecido. Estas experiencias deberían inspirarnos a ser más diligentes y dedicados en hacer el bien, en total fidelidad a Dios. Sigamos el ejemplo de Josué, meditando y obedeciendo fielmente el consejo divino.

Otro aspecto notable es que Josué y Caleb demostraron la capacidad de ver de manera positiva la tierra que el Señor les ofreció. El relato menciona que, de los doce que entraron a explorar la tierra, diez hombres presentaron informes negativos que sembraron el terror entre el pueblo. Sin embargo, en Josué vemos a un líder con una extraordinaria capacidad de transmitir un mensaje diferente y motivador:

> *La tierra por la que pasamos para reconocerla es una tierra buena en gran manera. Si el SEÑOR se agrada de nosotros, nos llevará a esa tierra y nos la dará; es una tierra que mana leche y miel. Solo que ustedes no se rebelen contra el SEÑOR, ni tengan miedo de la gente de la tierra, pues serán presa nuestra. Su protección les ha sido quitada, y el SEÑOR está con nosotros; no les tengan miedo.*
>
> Josué 14:7-9

Finalmente, es elocuente el consejo divino que Dios puso en bandeja de plata a Josué cuando le dijo:

> *Solamente esfuérzate y sé muy valiente, para cuidar de hacer conforme a toda la ley que mi siervo Moisés te mandó; no te apartes de ella ni a diestra ni a siniestra, para que seas prosperado en todas las cosas que emprendas. ⁸ nunca se apartará de tu boca este libro de la ley, sino que de día y de noche meditarás en él, para*

> *que guardes y hagas conforme a todo lo que en él está escrito; porque entonces harás prosperar tu camino, y todo te saldrá bien, ⁹ mira que te mando que te esfuerces y seas valiente; no temas ni desmayes, porque Jehová tu Dios estará contigo en dondequiera que vayas.*
>
> Josué 1:7-9

Josué no temía a los gigantes de la tierra. Sin titubear y sin temblarle el pulso ante los informes negativos, creía que Dios cumpliría sus promesas. Como líder, predicó el mensaje de esperanza totalmente seguro de que Dios estaba con su pueblo.

DAVID

Otra trayectoria importante en la Biblia es la de David. La Biblia lo describe como un hombre conforme al corazón de Dios, ya que el Señor miró el corazón de David y no su apariencia externa. Esto indica que el corazón de David era conforme a la voluntad divina. Esta característica lo llevó a ser un líder excelente, el rey más grande que Israel haya tenido jamás. La historia nos informa que reinó durante 40 años. Dios lo escogió como el jefe máximo de su reino. Ya no era un simple pastor de ovejas, ahora era el Rey de Israel. David era un ser humano con convicciones claras, quien mostró ser sensible a las necesidades del pueblo.

Otro dato importante, fueron sus logros militares. El siguiente relato describe su calidad como líder:

> *Entonces, los hombres de David le dijeron: He aquí día de el que te dijo Jehová: He aquí que entrego a tu*

> *enemigo en tu mano, y harás con él como te pareciere. Y se levantó David, y calladamente cortó la orilla del manto de Saúl. ⁵Después de esto se turbó el corazón de David, porque había cortado la orilla del manto de Saúl. ⁶Y dijo a sus hombres: Jehová me guarde de hacer tal cosa contra mi señor, el ungido de Jehová, que yo extienda mi mano contra él; porque es el ungido de Jehová. ⁷Así reprimió David a sus hombres con palabras, y no les permitió que se levantasen contra Saúl. Y Saúl, saliendo de la cueva, siguió su camino.*
>
> 1 Samuel 24:4-7

La Biblia También dice: "*Y David se conducía prudentemente en todos sus asuntos, y Jehová estaba con él*" (1 Samuel 18:14). David fue un rey justo, valiente y apasionado. Guerrero, músico y poeta, David era un gran líder. Un hombre de convicciones profundas, de gran sensibilidad y proyecciones claras.

También en los salmos, encontramos pistas que nos permiten comprender su ser interior, sus pensamientos, sentimientos, pasión, fe y optimismo:

> *Te alabaré con todo mi corazón; delante de los dioses te cantaré salmos. ²Me postraré hacia tu santo templo, Y alabaré tu nombre por tu misericordia y tu fidelidad; Porque has engrandecido tu nombre, y tu palabra sobre todas las cosas. ³El día que clamé, me respondiste; Me fortaleciste con vigor en mi alma.*
>
> Salmo 138:1-3

La característica más importante que un líder pueda tener es ser fiel a Dios, a través de su trayectoria. David demostró amar profundamente a Dios. Amaba su ley, meditaba en ella y la valoraba como una gran fuente de sabiduría.

Como líder, tuvo un reinado extraordinario que dejó huella en la historia bíblica. La Biblia lo llama *"el dulce salmista de Israel"* (2 Samuel 23:1). A lo largo de su vida, David fue fiel a la oración y mantuvo un diálogo constante con Dios. Desde niño, Dios lo había apartado para una gran misión como líder. Sus experiencias en las colinas alrededor de Belén, donde cuidaba ovejas, lo formaron como pastor. En este entorno tranquilo, desarrolló una profunda relación con Dios, sentando las bases de su futuro liderazgo. Al cuidar de su rebaño, aprendió a ser un líder compasivo y valiente, cualidades esenciales cuando asumió el trono de Israel. Su capacidad de cuidar, defender y guiar a su rebaño le permitió construir una relación cercana con Dios, que lo fortaleció en los momentos más desafiantes de su vida.

¿Cuáles son las características que Dios busca cuando llama a un líder? En 1 Samuel 16:6-13 encontramos un relato que describe el proceso divino para escoger a su siervo:

> *Y aconteció que cuando ellos vinieron, él vio a Eliab, y dijo: De cierto delante de Jehová está su ungido. ⁷Y Jehová respondió a Samuel: No mires a su parecer, ni a lo grande de su estatura, porque yo lo desecho; porque Jehová no mira lo que mira el hombre; pues el hombre mira lo que está delante de sus ojos, pero Jehová mira el corazón. ⁸Entonces llamó Isaí a Abinadab, y lo hizo pasar delante de Samuel, el cual dijo: Tampoco a este ha escogido Jehová. ⁹Hizo luego pasar Isaí a Sama. Y él dijo: Tampoco a este ha elegido Jehová. ¹⁰E hizo pasar Isaí siete hijos suyos delante de Samuel; pero Samuel dijo a*

Isaí: Jehová no ha elegido a estos. ¹¹Entonces dijo Samuel a Isaí: ¿Son estos todos tus hijos? Y él respondió: Queda aún el menor, que apacienta las ovejas. Y dijo Samuel a Isaí: Envía por él, porque no nos sentaremos a la mesa hasta que él venga aquí. ¹²Envió, pues, por él, y le hizo entrar; y era rubio, hermoso de ojos, y de buen parecer. Entonces Jehová dijo: Levántate y úngelo, porque este es. ¹³Y Samuel tomó el cuerno del aceite, y lo ungió en medio de sus hermanos; y desde aquel día en adelante el Espíritu de Jehová vino sobre David. Se levantó luego Samuel, y se volvió a Ramá."

1 Samuel 16:6-13

Por lo tanto, es maravilloso ver que este líder, a lo largo de su vida, mantuvo una conexión con Dios. No solo fue un gran poeta, cantor y pastor de ovejas, sino que también fue un valiente guerrero que protegió a su pueblo y se convirtió en el más grande líder de Israel como Rey.

ISAÍAS

Isaías vivió en Samaria, nación conquistada de Asur en el año 722 a.C. Según el relato bíblico, Dios se le apareció en el Templo y lo llamó para que fuera su Profeta. Isaías, relata cómo fue este momento:

En el año que murió el rey Uzías vi yo al Señor sentado sobre un trono alto y sublime, y sus faldas llenaban el templo, ²por encima de él había serafines; cada uno tenía seis alas; con dos cubrían sus rostros, con dos cubrían sus pies, y con dos volaban ³y el uno al otro daba voces, diciendo: Santo, santo, santo, Jehová de los ejércitos; toda la tierra está llena de su gloria, ⁴y los quiciales de las puertas se estremecieron con la voz del que clamaba, y la casa se llenó de humo, ⁵entonces dije: ¡Ay de mí! que soy muerto; porque siendo hombre inmundo de labios, y habitando en medio de pueblo que tiene labios inmundos, han visto mis ojos al Rey, Jehová de los ejércitos. ⁶Y voló hacia mí uno de los serafines, teniendo en su mano un carbón encendido, tomado del altar con unas tenazas; ⁷y tocando con él sobre mi boca, dijo: He aquí que esto tocó tus labios, y es quitada tu culpa, y limpio tu pecado, ⁸después oí la voz del Señor, que decía: ¿A quién enviaré, y quién irá por nosotros? Entonces respondí yo: Heme aquí, envíame a mí.

Isaías 6:8-9

Es un momento asombroso cuando Isaías ve al Rey y Señor de los ejércitos y reconoce su propia humanidad. Se dio cuenta de que era un hombre impuro que necesitaba ser limpiado. En este relato, encontramos características motivadoras que nos capacitan como líderes.

En primer lugar, como siervos del Señor, nuestro mundo interior debe estar libre de todo prejuicio. En segundo lugar, nuestro modelaje debe basarse en la sabiduría divina, no en nuestras propias ideas. En tercer lugar, el conocimiento de Dios es esencial para nuestro éxito. Finalmente, como líderes, debemos emular la capacidad de Isaías para comprender que el temor a Jehová y el amor al prójimo en humildad son la clave para navegar por nuestra trayectoria. Isaías demostró una profunda comunión con Dios.

El libro de Isaías, escrito hace más de 2.500 años, sigue siendo una lectura valiosa. Ofrece una sabiduría atemporal que se aplica a muchos aspectos de nuestra vida cristiana actual. De Isaías, aprendemos que el ministerio debe centrarse en llevar a la gente a Dios. Además, cuando Dios lleva a cabo su plan a través de nosotros, debemos asegurarnos de que toda la gloria sea para Él.

Otro aspecto importante de la vida de Isaías fue su cercanía con otros hombres piadosos, como el profeta Miqueas y el rey Ezequías. Esto nos recuerda a los líderes que debemos evitar el aislamiento, ya que puede hacernos vulnerables. Busquemos la presencia del Espíritu Santo de Dios y la comunión con otros miembros del cuerpo de Cristo a través de la oración.

Isaías aconsejó a Miqueas que siguiera hablando con valentía y justicia, y al rey Ezequías que confiara siempre en Jehová. A pesar de enfrentar dificultades y amenazas, Isaías se mantuvo fiel a su llamado y misión. De manera similar, como siervos del Señor, si somos fieles al Dios de los Ejércitos en todas las circunstancias y cultivamos relaciones saludables con Dios y nuestros líderes, nuestras vidas ministeriales estarán llenas de gran alegría y gozo.

JEREMÍAS

Otro líder destacado del Antiguo Testamento fue Jeremías. El relato bíblico cuenta que, durante su época, tuvo que enfrentarse a numerosos desafíos debido al clima político que prevalecía en el pueblo de Israel. En medio de esta realidad, Dios eligió a Jeremías para proclamar su mensaje. La historia nos narra que Jeremías fue testigo y participó en los últimos días de la destrucción de la nación de Israel. Según los registros, fue el último profeta que Dios envió para predicar al Reino del sur, formado por las tribus de Judá y Benjamín. A Jeremías, un hombre fiel y temeroso de Dios, Dios lo llamó para declarar a Israel que, debido a sus pecados, Dios se había apartado de ellos y serían expulsados de la tierra por un rey pagano.

Otro dato importante es que Jeremías, cuando fue llamado a asumir esta difícil responsabilidad, solo tenía 17 años. Esta situación provocó en Jeremías una lucha interna al presenciar el estado del pueblo.

Dios le dice al siervo Jeremías:

> *Ve y clama estas palabras hacia el norte, y di: Vuélvete, "oh, rebelde Israel, dice Jehová; no haré caer mi ira sobre ti, porque misericordioso soy yo, dice Jehová, no guardaré para siempre el enojo. 13reconoce, pues, tu maldad, porque contra Jehová tu Dios has prevaricado, y fornicaste con los extraños debajo de todo árbol frondoso, y no oíste mi voz, dice Jehová. 14convertíos, hijos rebeldes, dice Jehová, porque yo soy vuestro esposo; y os tomaré uno de cada ciudad, y dos de cada familia, y os introduciré en Sion; 15y os daré pastores según mi corazón, que os apacienten con ciencia y con inteligencia.*

Jeremías 3:12-15

Jeremías dio muestra de perseverancia y de una relación genuina con Dios durante toda su trayectoria.

Se sometió totalmente al control divino. Nosotros, como siervos del Señor, debemos tener claro que Dios tiene toda la autoridad, ya que conoce nuestro corazón: *"Yo Jehová, que escudriño la mente, que pruebo el corazón, para dar a cada uno según su camino, según el fruto de sus obras"* (Jeremías 17:9-10).

Por tal razón, el líder que Dios llama debe ser sabio y estar alerta ante los desafíos que amenazan a los pueblos, pues los llevan a seguir la imaginación de sus propios pensamientos. Debemos entender la urgencia de predicar y advertir las consecuencias de pecado. En Jeremías se plantea la pregunta:

> *¿Quién es varón sabio que entienda esto? ¿y a quién habló la boca de Jehová, para que pueda declararlo? ¿Por qué causa la tierra ha perecido, ha sido asolada como desierto, hasta no haber quien pase?*
>
> Jeremías 9:12

Este relato recalca la importancia de aprender a depender de Dios, quien nos escogió para la obra del ministerio. Si seguimos el consejo bíblico, no hay duda de que el Señor estará con nosotros como poderoso gigante.

El mensaje de Jeremías fue clave y preciso. En su prédica el tema del arrepentimiento fue clave. Le mostraba al pueblo la urgencia de tornase a Dios con todo su corazón, toda su alma y en total obediencia a su llamado. Jeremías, no titubeó en declararle al pueblo las consecuencias funestas de desobedecer y de seguir viviendo en una vida pecaminosa, totalmente alejados de Dios. Jeremías les insta a volver a Dios. Su mensaje fue claro: el pecado y la desobediencia llevarían a la ruina, pero si el pueblo se arrepentía y regresaba a Dios, hallaría misericordia y restauración.

El profeta le recordó al pueblo de Dios que debía vivir según la Alianza o Pacto que el Señor Dios había hecho con Moisés y sus antepasados en el monte Sinaí. Ellos debían obedecer la ley de Dios por encima de cualquier otra cosa.

Otro dato que sobresale en el relato, es que el ministerio de Jeremías nos solo fue de bendición a su pueblo, sino también a todas las naciones: *"antes que te formase en el vientre te conocí, y antes que nacieses te santifiqué, te di por profeta a las naciones"* (Jeremías 1:5).

También la historia bíblica describe que este líder presentaba un mensaje sobre el futuro, con una grave advertencia profética:

> *Por tanto, así ha dicho Jehová de los ejércitos: Por cuanto no habéis oído mis palabras, 9he aquí enviaré y tomaré a todas las tribus del norte, dice Jehová, y a Nabucodonosor rey de Babilonia, mi siervo, y los traeré contra esta tierra y contra sus moradores, y contra todas estas naciones en derredor; y los destruiré, y los pondré por escarnio y por burla y en desolación perpetua, 10y haré que desaparezca de entre ellos la voz de gozo y la voz de alegría, la voz de desposado y la voz de desposada, ruido de molino y luz de lámpara. 11Toda esta tierra será puesta en ruinas y en espanto; y servirán estas naciones al rey de Babilonia setenta años.*
>
> Jeremías 25:8-11

En en su trayectoria como líder, Jeremías vivió con una gran lucha interna por la suerte de su pueblo que lamentablemente se había endurecido y no creía, dándole la espalda a Dios. Jeremías predicó durante 40 años con un alto sentido de responsabilidad, sinceridad y con lágrimas de tristeza porque el pueblo no escuchaba.

En conclusión, el escenario que encontramos en la trayectoria del profeta sobre la conducta de la nación de Israel presenta un gran desafío a los predicadores del presente. Jeremías es un ejemplo conmovedor de perseverancia y fidelidad. Su ministerio, marcado por el compromiso y la profunda tristeza ante la resistencia del pueblo, muestra lo que significa ser un mensajero de Dios en tiempos difíciles.

DANIEL

Otro líder que demostró una inquebrantable fidelidad a Dios a lo largo de su trayectoria fue Daniel. Según el relato bíblico, vivía en cautiverio en Babilonia. Una característica que lo distinguía como líder era su inquebrantable obediencia a Dios, incluso si eso significaba arriesgar su propia vida. Cuando se le ordenó inclinarse ante el rey, Daniel se negó y terminó en el foso de los leones. Además, se negó a comer la dieta del rey y, sorprendentemente, se volvió más radiante y saludable que aquellos que obedecieron la orden del rey. La extraordinaria fe de Daniel se veía en su deseo de vivir siempre en obediencia a las leyes de Dios, sin temer al hombre, ni siquiera al poderoso rey Nabucodonosor de Babilonia. Daniel comprendió que, para Dios, la obediencia es más valiosa que cualquier sacrificio.

> *Y Samuel dijo: ¿Se complace Jehová tanto en los holocaustos y víctimas, como en que se obedezca a las palabras de Jehová? Ciertamente el obedecer es mejor que los sacrificios, y el prestar atención que la grosura de los carneros.*
>
> 1 Samuel 15:22

Daniel es un ejemplo excepcional de la convicción inquebrantable que debe caracterizar al siervo que Dios llama para trabajar en su obra.

Fue un hombre de fe extraordinaria, incluso ante la muerte. Eligió obedecer a Dios en lugar de inclinarse ante los ídolos, a pesar del riesgo de muerte. Siempre estaba dispuesto a defender los mandamientos de Dios y, en consecuencia, puso en peligro su propia vida. Su fe inquebrantable y su compromiso con sus creencias son realmente notables.

Otro aspecto destacado de la vida de Daniel fue su vida de constante oración a Dios. Mantuvo una comunicación inquebrantable con Dios y sus oraciones fueron respondidas. Incluso ayunó durante tres semanas, implorando la misericordia de Dios para él y su pueblo.

En tiempos de necesidad, Daniel siempre buscó la comprensión y la sabiduría de Dios para su pueblo. Clamó por protección y liberación de los peligros que los acechaban. La vida de Daniel es un testimonio de integridad, justicia, fidelidad y honestidad, cualidades esenciales para aquellos que son llamados por Dios para trabajar en su obra.

Daniel sirve como un modelo de liderazgo, ilustrando cómo vivir con valentía y seguridad en el presente, proclamando con valentía el mensaje que salva. Su ejemplo nos inspira a abrazar nuestras responsabilidades y a cumplir con los mandatos de Dios en el contexto de nuestras vidas.

Daniel, un joven con convicciones inquebrantables, desafió audazmente las leyes de Babilonia, manteniendo su integridad y lealtad a Dios. Su fidelidad a Dios y a la ley era inquebrantable. Por eso se negó a traicionar su fe, a pesar de su esclavitud en Babilonia. El propuso en su corazón:

> *Y Daniel propuso en su corazón no contaminarse con la porción de la comida del rey, ni con el vino que él bebía; pidió, por tanto, al jefe de los eunucos que no se le obligase a contaminarse.*
>
> Daniel 1:8

Dios, nunca lo abandonó, porque él fue fiel a Dios. *"Los que miraron a él fueron alumbrados, Y sus rostros no fueron avergonzados"* (Salmo 34:5).

Dice el relato bíblico que Daniel recibió distinciones, como regalo divino: "Y puso Dios *a Daniel en gracia y en buena voluntad con el jefe de los eunucos*" (Daniel 1:9). Daniel fue un líder destacado del Antiguo Testamento que hoy sirve de modelo a quienes, en nuestra trayectoria, somos llamados a proclamar el mensaje divino. Daniel fue reconocido por su sabiduría y conocimiento, pues Dios le permitió interpretar sueños y visiones que otros no podían.

NEHEMÍAS

Nehemías, un líder excepcional, transmitió eficazmente el mensaje divino a quienes lo necesitaban. Como siervo de Dios, afrontó con valentía diversos desafíos. Como líder, mostró una profunda preocupación por la situación del muro derrumbado y por los judíos que habían regresado del cautiverio, viviendo en la miseria y la desolación en medio de la crisis de Jerusalén. Al enterarse de la destrucción de la ciudad y del sufrimiento de los supervivientes en la provincia, Nehemías intercedió ante Dios por los pecados de su pueblo:

> ...*cuando oí estas palabras me senté y lloré, e hice duelo por algunos días, y ayuné y oré delante del Dios de los cielos. ⁵y dije: Te ruego, oh, Jehová, Dios de los cielos, fuerte, grande y temible, que guarda el pacto y la misericordia a los que le aman y guardan sus mandamientos; ⁶esté ahora atento tu oído y abiertos tus ojos para oír la oración de tu siervo, que hago ahora delante de ti día y noche, por los hijos de Israel tus siervos; y confieso los pecados de los hijos de Israel que hemos cometido contra ti; sí, yo y la casa de mi padre hemos pecado. ⁷en extremo nos hemos corrompido contra ti, y no hemos guardado los mandamientos, estatutos y preceptos que diste a Moisés tu siervo. ⁸Acuérdate ahora de la palabra que diste a Moisés tu siervo, diciendo: Si vosotros pecareis, yo os dispersaré por los pueblos; ⁹pero si os volviereis a mí, y guardareis mis mandamientos, y los pusiereis por obra, aunque vuestra dispersión fuere hasta el extremo de los cielos, de allí os recogeré, y os traeré al lugar que escogí para hacer habitar allí mi nombre. ¹⁰Ellos, pues, son tus siervos y tu pueblo, los cuales redimiste con tu gran poder, y con tu mano poderosa. ¹¹Te ruego, oh, Jehová, esté ahora atento tu oído a la oración de tu siervo, y a la oración de tus siervos, quienes desean reverenciar tu nombre; concede ahora buen éxito a tu siervo, y dale gracia delante de aquel varón. Porque yo servía de copero al rey.*

Nehemías 1:4-11

La reacción de Nehemías tras su oración fue no mostrar tristeza ante el rey, ya que el rey podría haber ordenado su ejecución. Mantuvo su compostura porque estaba completamente decidido a cumplir la tarea que Dios le había encomendado. En esta situación, no titubeó y, como buen líder, buscó ayuda para reconstruir los muros de Jerusalén, arriesgando su vida en el proceso. Los grandes líderes deben tener valor y no dejarse influir por lo que otros piensen o puedan hacer. Nehemías, con unción y visión, se enfrentó a la oposición de las naciones vecinas y de su **propia gente con un discurso claro y desafiante. Dios se glorificó y Nehemías logró reconstruir Jerusalén en cincuenta y dos días.**

Nehemías es un ejemplo de cómo debemos abordar el gran llamado que Dios nos ha hecho para trabajar en su obra. También fue un gran líder, constructor y administrador. Además, fue un hombre visionario y un extraordinario siervo de Dios.

El libro de Nehemías es una excelente guía para aprender a transmitir eficazmente el mensaje para que el mundo al que nos dirigimos pueda reconstruir sus vidas y transformar sus entornos negativos en lugares de bendición y paz.

El escenario de aquel entonces era de ruina. Las murallas de Jerusalén estaban en ruinas y sus puertas consumidas por el fuego. Debido a la desobediencia de Israel, las naciones enemigas los invadieron, los llevaron cautivos y destruyeron todo (2 Crónicas 36:18-19).

El relato nos desafía a comprender que, como predicadores, nuestra misión es llevar un mensaje que reconstruya las vidas destrozadas por el pecado. Estas personas viven alejadas de

Dios, sin esperanza y cautivas del enemigo, condenadas a una vida en ruinas. Estas experiencias nos recuerdan la urgencia de permitir que el Espíritu Santo nos ilumine y nos guíe en todo lo que emprendamos, para así alcanzar la victoria como Nehemías, quien, en su papel de siervo de Dios, demostró un liderazgo ejemplar. La historia de Nehemías es un poderoso testimonio de cómo la guía del Espíritu Santo, combinada con fe y determinación, puede llevarnos a cumplir propósitos divinos, incluso en medio de grandes desafíos. Su liderazgo no se basó únicamente en estrategia y trabajo duro, sino en una profunda dependencia de Dios, buscando dirección en cada paso y enfrentando la oposición con valentía y oración.

Así como Nehemías reconstruyó los muros de Jerusalén con esfuerzo y unidad, hoy también podemos permitir que el Espíritu Santo nos ilumine para restaurar aquello que necesita ser fortalecido en nuestras vidas, comunidades y ministerios. La única manera de mantenernos firmes en nuestra trayectoria es a través de la oración y la perseverancia, evitando así una vida espiritual fría y distante. De lo contrario, podríamos perder la fe, lo que podría llevar al caos en nuestros ministerios y a proyectos que se derrumben como muros en ruinas.

ELÍAS

Otro líder que a través de su trayectoria hizo historia, fue Elías, uno de los más grandes profetas del Antiguo Testamento. La vida de Elías está llena de experiencias extraordinarias y milagros, lo que lo convierte en una figura destacada en la tradición judeocristiana. Su poderoso mensaje sigue resonando en la actualidad, según los estudiosos. Elías fue un profeta valiente y maduro que se mantuvo fiel a Dios a lo largo de su vida.

El relato bíblico narra el momento en que Elías confrontó a los profetas de Baal en el monte Carmelo. En este escenario, los falsos profetas intentaban engañar al pueblo con sus discursos engañosos. Sin embargo, Elías, como líder, no titubeó. Presentó un mensaje claro y conciso, desafiándolos a una prueba de fuego para demostrar que Yahvé era el único Dios verdadero.

Como siervo de Dios, Elías demostró un liderazgo excepcional. Logró grandes victorias, como cuando confrontó al rey Acab y a su esposa Jezabel por haber desviado al pueblo de Israel hacia la adoración de dioses falsos.

El ministerio de Elías fue extraordinariamente exitoso. Curó a una mujer que había perdido a su hijo y multiplicó el aceite y la harina de una viuda, asegurando que su familia tuviera suficiente para comer durante una hambruna. Estos milagros demostraron el poder de Dios y la autoridad de Elías como profeta.

A lo largo de su ministerio, Elías se guió constantemente por las Escrituras. Fue uno de los líderes más destacados entre los grandes profetas del Antiguo Testamento. Guió al pueblo de regreso al Dios verdadero y expuso la falsedad de la idolatría de los sacerdotes de Baal.

El ejemplo de Elías de valentía y humildad lo convierte en un hombre digno de imitar. Su vida es un testimonio del poder de Dios y la importancia de la fe y la obediencia.

A lo largo de su trayectoria, demostró que el Dios de Israel era el único Dios verdadero y que tenía poder sobre todas las cosas. Su ejemplo nos desafía a buscar y recibir las bendiciones divinas que Dios tiene reservadas para sus siervos en el presente. Por lo tanto, todo aquel que se embarca en un viaje de fe debe luchar valientemente por ella. No debemos confundir la percepción con la realidad, ya que esto puede llevarnos a crear nuestra propia cueva y convertirnos en prisioneros de nuestra propia perspectiva, confundiéndola con la verdad. La Biblia también nos recuerda que *"Él era un hombre sujeto a pasiones semejantes a las nuestras"* (Santiago 5:17). Es posible ser un hombre de fe y, al mismo tiempo, experimentar afectos y sentimientos muy humanos. ¿Cómo es esto posible? ¿Cómo podemos ejercer el poder de la fe mientras luchamos contra los afectos y pasiones que nos atormentan? Creo que es crucial escapar de la cueva y explorar otras realidades posibles.

Lamentablemente hay quienes permanecen en sus amarguras, temores, rencores, etc. Estas son sus propias cuevas, que los cautivan y les impiden ver objetivamente las circunstancias que los esclavizan.

En resumen, el ministerio de Elías –1 Reyes 19:5-7– es un ejemplo de como Dios nos ministra en nuestra trayectoria:

> *Y echándose debajo del enebro, se quedó dormido; y he aquí luego un ángel le tocó, y le dijo: Levántate, come. 6entonces él miró, y he aquí a su cabecera una torta cocida sobre las ascuas, y una vasija de agua; y comió y bebió, y volvió a dormirse, 7y volviendo el ángel de Jehová la segunda vez, lo tocó, diciendo: Levántate y come, porque largo camino te resta.*

El desafío de que Elías se levantara y se nutriera porque su trayectoria como líder era larga y difícil es extraordinario. Estamos ante un escenario que plantea un gran reto a todo aquel que ha sido llamado a seguir predicando.

ELISEO

También hubo otro siervo de llamado Eliseo, cuyo nombre significa "Dios es salvación". Fue el sucesor de Elías en el oficio de profeta en Israel. Según el relato bíblico, Dios lo llamo para seguir a Elías:

> *Partiendo él de allí, halló a Eliseo hijo de Safat, que araba con doce yuntas delante de sí, y él tenía la última. Y pasando Elías por delante de él, echó sobre él su manto* [20]*Entonces dejando él los bueyes, vino corriendo en pos de Elías...*
>
> 1 Reyes 19:19-20

Un aspecto notable de Eliseo fue su inquebrantable lealtad y su profundo deseo de aprender de su líder. Durante los siguientes años, Eliseo aprendió diligentemente junto a Elías, hasta que Elías fue llevado al cielo. El relato bíblico narra cómo Eliseo se negó a dejar a Elías y lo acompañó hasta el último momento. Otro punto revelador ocurrió cuando Elías le preguntó a Eliseo qué podía hacer por él antes de partir. Eliseo respondió pidiendo una doble porción del espíritu que ungía a Elías.

Esta unción que recibió Eliseo jugó un papel crucial en su ministerio como siervo del Señor. La primera experiencia extraordinaria de Eliseo fue presenciar el carro de fuego que los separó a los dos, siendo testigo de cómo su maestro ascendía al cielo en un torbellino.

Sin titubear, Eliseo recogió el manto de Elías y se dirigió al río Jordán. Con el manto, golpeó las aguas, y estas se dividieron, al igual que había sucedido con Elías.

El relato bíblico destaca varios logros notables en el ministerio de Eliseo, incluyendo: sanar las aguas de Jericó (2 Reyes 2:19-21), multiplicar el aceite de la viuda (2 Reyes 4:1-7), profetizar un hijo a la mujer sunamita que lo acogió en su casa y posteriormente resucitar a ese mismo hijo (2 Reyes 4:8-37).

Además, Eliseo eliminó el veneno de una olla de guisado (2 Reyes 4:38-41) y multiplicó veinte panes de cebada para alimentar a cien hombres (2 Reyes 4:42-44). También sanó a Naamán de la lepra (2 Reyes 5) y milagrosamente hizo flotar la cabeza de un hacha prestada (2 Reyes 6:1-7).

La humildad del profeta es un testimonio de su profundo amor por el pueblo de Israel. Sus experiencias nos inspiran a mantenernos firmes en nuestra fe en Dios, quien permanece constante a lo largo del tiempo. Eliseo, un líder ejemplar, encarna la fe, la obediencia, la compasión y la valentía. Sus actos, como hacer flotar la cabeza de un hacha y quemar su arado en obediencia al llamado de Elías, son notables. Más aún, resucitó a un hombre muerto:

> *Y aconteció que al sepultar unos a un hombre, súbitamente vieron una banda armada, y arrojaron el cadáver en el sepulcro de Eliseo: y cuando llegó a tocar el muerto los huesos de Eliseo, revivió, y se levantó sobre sus pies.*
>
> 2 Reyes 13:21

Eliseo es una de las personas más memorables de la Biblia. Su modelaje ilustra las características de un buen líder: fue obediente, y mostró compromiso inmediato. Caminó por la trayectoria que Dios le había comisionado, nunca dio muestra de miedo y la fuente de su valor era su relación con Dios. Además, fue un guía extraordinario para quienes lo seguían, y objetivos claros y sabía cuáles eran los pasos que tenía que dar para cumplir con el mandato divino y así satisfacer las necesidades del pueblo.

Capítulo 6
Siervas de Dios en el Antiguo Testamento

Tornemos nuestra mirada ahora a la trayectoria de algunas mujeres extraordinarias del Antiguo Testamento.

DÉBORA

Débora es la única mujer en la Biblia que se destacó como Juez y como líder, quien se destacó por su valentía. Cuando el pueblo hacía lo malo delante de Jehová, Débora no titubeó en llevar el mensaje urgente en el momento preciso:

> *Y ella envió a llamar a Barac hijo de Abinoam, de Cedes de Neftalí, y le dijo: ¿No te ha mandado Jehová Dios de Israel, diciendo: Ve, junta a tu gente en el monte de Tabor, y toma contigo diez mil hombres de la tribu de Neftalí y de la tribu de Zabulón;* ⁷*y yo atraeré hacia ti al*

arroyo de Cisón a Sísara, capitán del ejército de Jabín, con sus carros y su ejército, y lo entregaré en tus manos?

Jueces 4:6-7

Sin duda, ella siempre demostró que su confianza y autoridad en su liderazgo no provenían de ella misma, ni de sus habilidades, reputación o títulos, sino del Dios al que servía y obedecía.

Cuando Dios llama, capacita a sus líderes para manejar cualquier situación, independientemente de lo que la gente piense o entienda. Si Dios llama, proveerá la palabra necesaria en cualquier crisis, porque la autoridad viene del Señor.

El liderazgo de Débora jugó un papel único en la historia de Israel. Fue la única jueza durante un período sin ley, antes de que el país tuviera su primer rey, y en una cultura donde solo los hombres gobernaban. Es fascinante ver cómo la sabiduría y la fe de esta mujer de Dios motivaron al pueblo:

> *Gobernaba en aquel tiempo a Israel una mujer, Débora, profetisa, mujer de Lapidot; ⁵y acostumbraba a sentarse bajo la palmera de Débora, entre Ramá y Betel, en el monte de Efraín y los israelitas acudían a ella a juicio.*

Jueces 4:4-5

Débora, una mujer de gran elocuencia, sabiduría, revelación y discernimiento, demostraba estas cualidades en sus discursos. Su relación con Dios como líder le permitía comprender los tiempos, ya que siempre escuchaba claramente la voz del Señor.

Esta relación con Dios la impulsó a actuar cuando los israelitas, esclavizados durante veinte años, estaban demasiado cansados y desanimados para luchar. Fue entonces cuando Dios llamó a Débora para que los inspirara a seguir adelante a través de su discurso. Ella obedeció sin titubear y actuó según las instrucciones del Señor. Su discurso, impregnado de confianza y autoridad como jueza, inspiró a Barac a levantar un ejército.

Débora, una líder guerrera extraordinaria, adoraba a Dios con pasión, valentía y obediencia inquebrantable. Su liderazgo y sus poderosos discursos trajeron 40 años de paz a Israel. En su lugar secreto de adoración, el Señor preparó a Débora, fortaleciendo su confianza para escuchar Su voz y unir a las tribus de Israel. Su conexión única con Dios, combinada con su excepcional liderazgo como profetisa y líder militar, la llevó a la victoria en todos sus empeños (Jueces 4:4-14). No solo guió al pueblo de Israel en tiempos difíciles, sino que también inspiró a otros a actuar con determinación y confianza en el Señor. Su cántico de victoria reflejó su gratitud y adoración, reconociendo que cada triunfo proviene de Dios.

Una de las lecciones más importantes que podemos aprender del liderazgo de Débora es que su autoridad y sus acciones no provenían de ella misma, sino del Dios que la llamó a servir. Mantuvo una profunda conciencia y sensibilidad a la voluntad de Dios, lo que le permitió discernir con urgencia su voluntad para ella. Como líder alerta, cuando llegó el momento de enfrentarse al enemigo, se presentó y guió a Barak, el comandante del ejército, instruyéndolo sobre los pasos necesarios para asegurar la victoria.

El relato nos muestra la autoridad de esta líder: *"Entonces Débora dijo a Barac: Levántate, porque este es el día en que Jehová ha entregado a Sisara en tus manos"* (Éxodo 4:14). Hoy también hay muchas siervas del Señor quienes, como Débora, son guerreras que han dado muestra de valentía honrando el llamado que Dios les ha dado y que con gran entusiasmo han dicho presente frente a las grandes batallas del siglo que nos ha tocado vivir. Esta mujer de Dios como líder no solamente acompañó, habló y motivó, sino que también, dio muestra de un amor práctico: "Mi *corazón es para vosotros, jefes de Israel, para los que voluntariamente os ofrecisteis entre el pueblo. Load a Jehová*" (Éxodo 5:9).

Es impresionante cómo Débora siempre dio muestra de ser una mujer valiente como jueza, profeta y consejera espiritual. Además, supo escuchar la voz de Dios de manera correcta y obedecerla y ponerla en práctica. Fue elogiada por su liderazgo, valentía y profunda fe en Dios. Débora representa un modelo extraordinario a seguir.

RUT

Otra mujer que dejó huella en la historia fue Rut. El libro de Rut, escrito para el pueblo de Israel en el país pagano de Moab, ofrece un trasfondo histórico. En ese entonces, había inestabilidad política y una hambruna. Estas circunstancias obligaron a Elimelec y Noemí a emigrar de su hogar israelita a Moab. Lamentablemente, Elimelec falleció durante el traslado, dejando a Noemí con sus dos hijos. Ambos hijos se casaron con mujeres moabitas, Orfa y Rut. Trágicamente, ambos hijos también fallecieron, dejando a Noemí sola en una tierra extraña con Orfa y Rut. Ante esta difícil situación, Orfa decidió regresar con sus padres, buscando consuelo en su zona de confort. Sin embargo, Rut demostró una determinación inquebrantable y un fuerte sentido de fidelidad a Dios y a Noemí, eligiendo quedarse con ella. En el libro de Rut, encontramos un ejemplo inspirador de una mujer con determinación y un profundo compromiso con su fe y sus relaciones.

El relato bíblico nos describe el alto sentido de fidelidad de Ruth:

> *Y Noemí dijo: He aquí tu cuñada se ha vuelto a su pueblo y a sus dioses; vuélvete tú tras ella.[16]Respondió Rut: No me ruegues que te deje, y me aparte de ti; porque a dondequiera que tú fueres, iré yo, y dondequiera que vivieres, viviré. Tu pueblo será mi pueblo, y tu Dios mi Dios, [17]donde tú murieres, moriré yo, y allí seré sepultada; así me haga Jehová, y aun me añada, que solo la muerte hará separación entre nosotras dos, [18]y viendo Noemí que estaba tan resuelta a ir con ella, no dijo más".*
>
> Rut 1:15-18

Otro detalle que nos describe cómo era el corazón de Rut, fue que buscó el buen balance en la familia con palabras sabias, amorosas, amables y respetuosas, tanto para con Noemí como para con Booz. En conclusión, Rut es un retrato que refleja los valores de una mujer líder, como la describe el proverbista :*"Abre su boca con sabiduría, y la ley de clemencia está en su lengua"* (Proverbios 31.26).

ESTER

Ester, otra mujer extraordinaria, también dejó una huella imborrable en la historia. Su liderazgo, caracterizado por la entereza, la capacidad, el amor patriótico y, sobre todo, la valentía, fue sin precedentes. En una época en la que el pueblo regresaba del exilio, muchos habían adoptado costumbres contrarias a los mandamientos divinos. La valentía y la fe inquebrantable de Ester en Dios son un testimonio de la confianza que tenía en la misión que le había encomendado. Su vida nos enseña cómo Dios guía a sus líderes elegidos, moldeando cada aspecto de sus vidas para que puedan cumplir con su plan y propósito. Si bien es posible que muchas siervas del Señor no comprendan completamente las complejidades de ciertas situaciones en un momento dado, con el tiempo, obtendrán claridad, como sucedió con Ester.

A pesar de su valentía, Ester experimentó momentos de duda y vacilación. Se enfrentó a una decisión difícil: acercarse al rey para salvar a su pueblo, los judíos, de una trama de genocidio planeada por Amán. Ester comprendía los peligros de acercarse al rey sin ser llamada, un acto que podría resultar en su muerte, como se menciona en Ester 4:11. A pesar de ser reina, el riesgo era inmenso. Cuando Mardoqueo se enteró de las dudas de Ester, la desafió a salir de su zona de confort y le envió un mensaje urgente.

> *Entonces dijo Mardoqueo que respondiesen a Ester: No pienses que escaparás en la casa del rey más que cualquier otro judío, [14] porque si callas absolutamente en este tiempo, respiro y liberación vendrá de alguna otra*

> *parte para los judíos; más tú y la casa de tu padre pereceréis. ¿Y quién sabe si para esta hora has llegado al reino?*
>
> Ester 4:13-14

A pesar de los peligros, Ester entendió el llamado y fue fiel en su obediencia a Dios, sin importar lo que podría costar. Ester nos recuerda la promesa de Dios para la persona que ha sido comisionada a servirle.

Pablo le dijo a los Romanos: *"Y sabemos que a los que aman a Dios, todas las cosas les ayudan a bien, esto es, a los que conforme a su propósito son llamados"* (Romanos 8:28). El llamado divino a Ester era cumplir con lo que Dios le había ordenado y en el lugar que el Señor le había designado. Para Ester, era imprescindible tener claro que su función era ser fiel a Dios en el momento que le tocó vivir. Ante este desafío en su trayectoria, era inminente no ser víctima de la publicidad, el deleite de la fama y el placer de la zona de confort para entender que su responsabilidad era ser fiel a su encomienda. Como le dijo Mardoqueo, Ester no podía mantenerse callada ante el peligro que vivía su pueblo.

Ester, en su papel de líder, comprendió los pasos esenciales que debía seguir. Entre ellos, se encontraba el desarrollo de una confianza inquebrantable en Dios. Esta confianza se basaba en la convicción de que Dios la amaba profundamente y que podía confiar plenamente en su guía y sabiduría para su vida. Además, Ester abrazó la fe y dio un paso de fe, obedeciendo las instrucciones de Dios. Se aventuró fuera de su zona de confort y vivió una vida de fe.

El resultado de la confianza y valentía de Ester fue que Asuero la recibió favorablemente cuando se presentó ante él. Su petición de salvar al pueblo judío de la destrucción tuvo un resultado positivo.

Al estudiar a Ester, podemos entender el mensaje divino del proverbista: *"Fíate de Jehová de todo tu corazón, Y no te apoyes en tu propia prudencia.⁶Reconócelo en todos tus caminos, Y él enderezará tus veredas"* (Proverbio 3:5-6).

Como Ester, debemos reconocer que nuestra autoridad proviene de Dios. Ester es un poderoso ejemplo de cómo la autoridad y el propósito emanan de Dios. A pesar de las difíciles circunstancias y los riesgos que enfrentó, ella comprendió que su posición como reina no era mera casualidad, sino una oportunidad divina para cumplir la voluntad de Dios.

ANA

En este relato, encontramos una mujer que ejemplifica el liderazgo desde el hogar. A pesar de los desafíos, su fe y valentía prevalecieron, y su confianza en el Señor la llevó a la victoria. Ana era incapaz de tener hijos, un destino que la colocaba entre las mujeres estériles de la Biblia. En la sociedad hebrea, la infertilidad se consideraba una maldición de Dios. Sin embargo, esto no la detuvo. Con gran valentía y confianza en Dios, recibió la bendición de tener un hijo. Ella lo recibió con gratitud y lo dedicó al Señor.

Ana era conocida por su sumisión, devoción y paciencia. A pesar de las burlas de Penina, su rival, por su incapacidad para concebir, Ana oraba constantemente a Dios. Crió a su hijo, Samuel, con buenos principios y un carácter que se alineaba con la voluntad de Dios.

La historia de Ana nos recuerda que las mujeres y las madres pueden ser líderes poderosas. Su mensaje de fe y perseverancia fue una bendición para su familia. Su hijo, Samuel, llegó a ser un profeta importante.

La trayectoria de Ana como sierva del Señor nos enseña a encontrar fortaleza en la fe. A pesar de ser viuda de avanzada edad, eligió vivir en el templo, dedicando su vida al ayuno y la oración.

Ana nos sirve como un modelo de fe en la familia. Reconoció el gran amor de Dios y su liderazgo nos muestra que Dios conoce las aflicciones de quienes sufren. Más importante aún, siempre está dispuesto a manifestarse en la vida de aquellos que claman a Él.

Sin duda, podemos aprender mucho de esta líder que nos enseña con su ejemplo. Su fortaleza interior, alimentada por una fe inquebrantable, es digna de imitar. En nuestra vida diaria, nos enfrentamos a desafíos y dificultades que a menudo nos desaniman como líderes. El ejemplo de Ana nos enseña que, a través de la fe y la oración, podemos encontrar la fuerza para superar los obstáculos y seguir firmes en nuestro camino por las distintas etapas de la vida (1 Samuel 1:1-2:11).

Otra característica destacable de Ana fue su inquebrantable fidelidad. Ana dialogaba con Dios, día y noche. Esta profunda relación con Dios le permitió reconocer la Salvación cuando se manifestó. Además, Ana demostró una extraordinaria responsabilidad al cumplir sus promesas. En su papel de profetiza, no solo habló como tal, sino que también intercedió ante Dios, pidiendo misericordia por su pueblo. Como mujer, esposa, madre y profetiza, comprendió que la oración es un medio poderoso para interceder por los demás. Así como Ana: *"Así que acerquémonos confiadamente al trono de la gracia para recibir misericordia y hallar la gracia que nos ayude en el momento que más la necesitemos"* (Hebreos 4:16).

Ester es un poderoso ejemplo de cómo la autoridad y el propósito provienen de Dios. A pesar de las difíciles circunstancias y los riesgos que enfrentó, comprendió que su posición como reina no era una mera casualidad, sino una oportunidad divina para cumplir la voluntad de Dios. Su valentía al interceder por su pueblo demuestra que el liderazgo no se trata solo de influencia, sino de obediencia y confianza en Dios. A pesar del temor por su vida, actuó con fe, sabiendo que Dios tenía el control.

Capítulo 7
Trayectoria de algunos siervos del Señor en el Nuevo Testamento

En este capítulo, invitamos al lector a examinar algunas características de las trayectorias de varios líderes bíblicos del Nuevo Testamento.

JUAN EL BAUTISTA

El nacimiento de Juan el bautista fue extraordinario, ya que su padre era anciano y Elisabeth era estéril (Lucas 1:7) . Según el relato, Zacarías era sacerdote y estaba ministrando en el templo cuando de repente se le apareció un ángel y le dijo:

> *Zacarías, no temas; porque tu oración ha sido oída, y tu mujer Elisabeth te dará a luz un hijo, y llamarás su nombre Juan, 14y tendrás gozo y alegría, y muchos se regocijarán de su nacimiento; 15porque será grande*

delante de Dios. No beberá vino ni sidra, y será lleno del Espíritu Santo, aun desde el vientre de su madre, ¹⁶y hará que muchos de los hijos de Israel se conviertan al Señor Dios de ellos.

Lucas 1:13-16

Juan el Bautista, un predicador judío contemporáneo de Jesús, fue el precursor de las buenas nuevas de Jesucristo. Su valentía y devoción lo caracterizaron como un líder ejemplar que no titubeó en los desafíos de su época. Según la historia bíblica, jugó un papel crucial en la proclamación del mensaje divino. A través del lente homilético del profeta Isaías, la misión de Juan el Bautista fue proclamar el camino a seguir en la predicación sobre Jesús y su misión.

Voz que clama en el desierto: Preparad camino a Jehová; enderezad calzada en la soledad a nuestro Dios, ⁴ todo valle sea alzado, y bájese todo monte y collado; y lo torcido se enderece, y lo áspero se allane, ⁵ y se manifestará la gloria de Jehová, y toda carne juntamente la verá; porque la boca de Jehová ha hablado.

Isaías 40:3-5

El texto bíblico describe sobre su misión:

Y salía a él Jerusalén, y toda Judea, y toda la provincia de alrededor del Jordán, ⁶y eran bautizados por él en el Jordán, confesando sus pecados

Marcos 1:5-6

Como líder, Juan se mantuvo firme en su caminar hasta el momento en el que vio a Jesús y pudo decir: *"He aquí el*

Cordero de Dios, que quita el pecado del mundo" (Juan 1:29). Juan el Bautista es uno de los grandes ejemplos bíblicos de liderazgo, pues lideró al estilo de Jesús. También vivió momentos cuando lo reconocieron como líder:

> *Y vinieron a Juan y le dijeron: Rabí, mira que el que estaba contigo al otro lado del Jordán, de quien tú diste testimonio, bautiza, y todos vienen a él, 27respondió Juan y dijo: No puede el hombre recibir nada, si no le fuere dado del cielo, 28vosotros mismos me sois testigos de que dije: Yo no soy el Cristo, sino que soy enviado delante de él."*

Juan 3:26-28

Otra característica de éste gran líder fue su humildad. Su objetivo no era resaltar su propia persona. El Bautista estaba claro de que su misión era proclamar el evangelio y resaltar el ministerio de Jesús. En el evangelio de Mateo encontramos la fuente de su mensaje:

> *En aquellos días vino Juan el Bautista predicando en el desierto de Judea, 2y diciendo: Arrepentíos, porque el reino de los cielos se ha acercado. 3"Pues este es aquel de quien habló el profeta Isaías, cuando dijo: Voz del que clama en el desierto reparad el camino del Señor, enderezad sus sendas."*

Mateo 3:1-3

Sus cualidades como líder brillan a lo largo de su trayectoria, caracterizada por su carácter firme, decidido y enfocado. Nada lo distraía de su misión. Su naturaleza templada y su visión clara lo distinguían. Además, tuvo el privilegio de bautizar a Jesús. Lo notable de su ministerio es la valentía con la que proclamó la verdad sin temor, guiado únicamente por su fe y convicción. Su vida nos enseña que el verdadero liderazgo espiritual no siempre florece en los lugares más cómodos o esperados, sino donde es más necesario, incluso en los desiertos de la vida.

Como líder, el Bautista es un modelo ejemplar a seguir en términos de su trayectoria. Su ministerio es un ejemplo extraordinario que nos guía y capacita para cumplir nuestro llamado divino. A lo largo de su vida, demostró el camino a seguir, enseñándonos a aprender y aplicar las cualidades y principios de su excepcional ministerio. Su capacidad de servir nos ilustra la importancia de escuchar con empatía y amor profundo las necesidades y preocupaciones de la gente, independientemente de sus circunstancias. De esta manera, podemos transmitir el mensaje de esperanza y consuelo como lo hizo Juan el Bautista.

Otro aspecto notable del liderazgo de Juan fue su capacidad de brindar apoyo emocional y espiritual. Sus palabras sanadoras y su sabio consejo ayudaron a las personas a encontrar soluciones a sus problemas. Actuaba con amor, cuidado y humildad en todo lo que hacía, sin buscar reconocimiento. Atendía a todos, independientemente de su estatus social o condición. El ejemplo de Juan como modelo debería motivarnos a seguir estos principios para que podamos cumplir el trabajo que Dios nos encomendó: servir a las almas que claman, proporcionando dirección, apoyo y consuelo para que sean transformadas y amen a Dios con alegría. El liderazgo de Juan el Bautista honra las palabras de Jesús sobre el tema:

Mas entre vosotros no será así, sino que el que quiera hacerse grande entre vosotros será vuestro servidor, ²⁷y el que quiera ser el primero entre vosotros será vuestro siervo; ²⁸como el Hijo del Hombre no vino para ser servido, sino para servir, y para dar su vida en rescate por muchos.

Mateo 20:26-27

JESÚS

Jesús es el líder más destacado en el Nuevo Testamento y es ampliamente considerado el más grande líder espiritual y moral de toda la historia. Su vida, enseñanzas y acciones inspiraron ayer a muchos de sus contemporáneos y continúan influenciando hoy a millones de personas en todo el mundo. Jesús enseñó sobre el amor, la compasión, la misericordia y el perdón. Sus parábolas y sermones, como el Sermón del Monte, ofrecieron una nueva perspectiva sobre la vida y la relación con Dios.

Según los relatos del Nuevo Testamento, Jesús realizó numerosos milagros, desde sanar a los enfermos hasta resucitar a los muertos. Estos milagros no solo demostraron su poder divino, sino que también reforzaron su mensaje de esperanza y fe. Jesús mostró una gran empatía hacia los marginados y los oprimidos. También, pasó tiempo con los pecadores, los enfermos y los pobres, desafiando las normas sociales y religiosas de su época.

El acto culminante del liderazgo de Jesús fue su sacrificio en la cruz. Su muerte y posterior resurrección son eventos centrales en la fe cristiana, simbolizando la redención y la salvación para la humanidad. Jesús formó a un grupo cercano de discípulos, instruyéndolos y preparándolos para continuar su obra después de su ascensión.

Por tal razón, su modelo de liderazgo basado en el discipulado ha sido seguido por generaciones de líderes cristianos. Más impresionante aún, fue el líder que entró a la historia y salvó al mundo. Además, es el modelo perfecto a seguir, ya que trazó el camino perfecto para poder ser salvo. Fue el líder enviado por Dios al mundo: *"porque de tal manera amó Dios al mundo que envió a su hijo para que podamos ser salvos"* (Juan 3:16).

PEDRO

Pedro, en su trayectoria, fue el discípulo que se mantuvo más cerca de Jesús. Después de la crucifixión, muerte y resurrección de Jesús, se convirtió en el principal apóstol. Comenzó su trayectoria como líder predicando sobre las enseñanzas de Cristo a todos los que encontraba. A partir de este comienzo, empezó a asumir la posición de líder con un grupo de seguidores.

Era un líder humilde, pero firme. Su mayor objetivo era mantener la unidad y armonía entre los seguidores de Cristo. Su interés primordial era procurar la unidad y consolidación de la Iglesia, para que no se desviara de las enseñanzas de Jesús. Además, Pedro, tenía la bendición de ser un predicador que, con unción de lo alto, llegaba al pueblo y lo atraía a la fe. Por medio de Pedro, Dios sanaba los enfermos. Pedro defendía con valentía la obra de Dios. Un evento extraordinario que nos ilustra cómo Dios va trabajando con los líderes se encuentra en Juan 21. El relato de la Pesca Milagrosa describe el momento que Pedro intentó volver a pescar, -en otras palabras, abandonar el ministerio.

La vida de Pedro demuestra que la vocación implica un proceso, que paso a paso la persona llamada necesita tiempo para pensar. El relato bíblico cuenta que les dijo a los demás que iría a pescar, y ellos lo acompañaron. Para Pedro, esta noche de pesca fue una tentación. Pensó que sus viejas destrezas de pescador le reportarían grandes beneficios, y que volvería a ser un pescador de éxito. Aun así, el Señor que lo escogió continuó moldeándolo para que Pedro llegara a ser lo que Dios desea que fuera.

Es realmente asombroso cómo, a pesar de los numerosos desafíos que enfrentó Pedro, el Señor Jesús lo amó y guió constantemente a través de su viaje de crecimiento personal.

Según la historia bíblica, los discípulos y Pedro se levantaron muy temprano, casi de noche, y se dirigieron a la orilla donde estaba su barco. Prepararon sus redes y se lanzaron al mar, pero pasaron horas trabajando y no lograron pescar nada. Intentaron de nuevo, pero la noche entera pasó y continuaron sin éxito hasta que llegó Jesús al amanecer.

Cuando ya iba amaneciendo, se presentó Jesús en la playa; más los discípulos no sabían que era Jesús, [5]y les dijo: Hijitos, ¿tenéis algo de comer? Le respondieron: No. [6]Él les dijo: Echad la red a la derecha de la barca, y hallaréis. Entonces la echaron, y ya no la podían sacar, por la gran cantidad de peces, [7]entonces aquel discípulo a quien Jesús amaba dijo a Pedro: ¡Es el Señor! Simón

> *Pedro, cuando oyó que era el Señor, se ciñó la ropa (porque se había despojado de ella), y se echó al mar. ⁸y los otros discípulos vinieron con la barca, arrastrando la red de peces, pues no distaban de tierra sino como doscientos codos. ⁹Al descender a tierra, vieron brasas puestas, y un pez encima de ellas, y pan. ¹⁰Jesús les dijo: Traed de los peces que acabáis de pescar, ¹¹subió Simón Pedro, y sacó la red a tierra, llena de grandes peces, ciento cincuenta y tres; y aun siendo tantos, la red no se rompió. ¹²les dijo Jesús: Venid, comed. Y ninguno de los discípulos se atrevía a preguntarle: ¿Tú, ¿quién eres? sabiendo que era el Señor, ¹³vino, pues, Jesús, y tomó el pan y les dio, y asimismo del pescado, ¹⁴esta era ya la tercera vez que Jesús se manifestaba a sus discípulos, después de haber resucitado de los muertos.*

Fue en este momento que Jesús lanzó el llamado que impulso a Pedro a comenzar su trayectoria como líder:

> *Cuando hubieron comido, Jesús dijo a Simón Pedro: Simón, hijo de Jonás, ¿me amas más que estos? Le respondió: Sí, Señor; tú sabes que te amo. Él le dijo: Apacienta mis corderos, ¹⁶volvió a decirle la segunda vez: Simón, hijo de Jonás, ¿me amas? Pedro le respondió: Sí, Señor; tú sabes que te amo. Le dijo: Pastorea mis ovejas, ¹⁷le dijo la tercera vez: Simón, hijo de Jonás, ¿me amas? Pedro se entristeció de que le dijese la tercera vez: ¿Me amas? y le respondió: Señor, tú lo sabes todo; tú sabes que te amo. Jesús le dijo: Apacienta mis ovejas, ¹⁸de cierto, de cierto te digo: Cuando eras más joven, te ceñías, e ibas a donde querías; más cuando ya seas viejo, extenderás tus manos, y te ceñirá otro, y te llevará a donde no quieras, ¹⁹esto dijo, dando a entender con qué*

> *muerte había de glorificar a Dios. Y dicho esto, añadió: Sígueme.*

Juan 21:4-19

Al examinar la transformación inicial de Pedro, comprendemos las luchas humanas de los líderes que muestran debilidades y desvían su atención de Cristo para fijarla en sí mismos. Estos ejemplos nos recuerdan que las debilidades humanas son comunes, pero también nos recuerdan la misericordia de Jesús, que siempre está dispuesto a restaurarnos si volvemos a enfocarnos en Él.

Observamos la conducta inconsistente e impulsiva de Pedro en su relación temprana con Jesús. Sin embargo, Jesús, quien fue más que un maestro para Pedro, lo preparó con profundo amor. Como resultado, Pedro fue el primero en proclamar el evangelio en el día de Pentecostés, guiado por el Espíritu Santo, lo que marcó el inicio de la misión de la iglesia en el mundo. Además, reconocemos a Jesús como el modelo de liderazgo de servicio, que transformó a Pedro al impartirle una visión para su futuro. Jesús le dice a Pedro:

> *De cierto te digo que cuando eras más joven te vestías e ibas a donde querías; pero cuando seas viejo extenderás tus manos, y otro te vestirá y te llevará a donde no quieras ir.*

Juan 21: 18 NVI

Estas vivencias de Pedro le permitieron, en primer lugar, predicar el Día de Pentecostés:

> *Cuando llegó el día de Pentecostés, estaban todos unánimes juntos. ²Y de repente vino del cielo un*

estruendo como de un viento recio que soplaba, el cual llenó toda la casa donde estaban sentados; ³y se les aparecieron lenguas repartidas, como de fuego, asentándose sobre cada uno de ellos.

Hechos 2:1-3

En segundo lugar, fue la persona que Dios usó cuando los samaritanos recibieron el Espíritu Santo (Hechos 8). Finalmente, fue en la casa de Cornelio, que el Señor usó a Pedro para que también creyera y recibiera el Espíritu Santo (Hechos 10).

Pedro dio muestra de un modelo de liderazgo visionario que pudo penetrar a distintos diferentes, ya fueran judíos, samaritanos y gentiles. Pedro fue un líder, que, gracias a la paciencia de Jesús, estuvo dispuesto a la corrección.

El modelo de Pedro como líder y discípulo de Jesús es un ejemplo de transformación personal, liderazgo servicial y valentía en la fe. Además, nos enseña que el liderazgo no requiere perfección, sino disposición para ser transformado por Dios, servir con humildad y avanzar con fe

SANTIAGO

Otro líder clave en el Nuevo Testamento es Santiago. Su discurso lo encontramos en Hechos donde, con gran capacidad, aclaró que Dios había aceptado a las personas no judías o "gentiles", refiriéndose a la conversión de Cornelio y al ministerio de Pablo y Bernabé (Hechos 15:13-21). Santiago presidió el Concilio de Jerusalén, donde con unción dijo:

> *Por lo cual yo juzgo que no se inquiete a los gentiles que se convierten a Dios, [20]sino que se les escriba que se aparten de las contaminaciones de los ídolos, de fornicación, de ahogado y de sangre, [21]porque Moisés desde tiempos antiguos tiene en cada ciudad quien lo predique en las sinagogas, donde es leído cada día de reposo.*
>
> Hechos 15:19-21

En el Nuevo Testamento vemos otras cualidades de la personalidad de Santiago. En primer lugar, no titubeó en su espiritualidad y se mantuvo firme en su fidelidad Dios, demostrando sabiduría práctica.

En segundo lugar, estaba al tanto sobre todo lo que concernía a la ley de Dios. En tercer lugar, mostró justicia, paciencia, humildad y la compasión hacia los necesitados y fue honesto, misericordioso, de mente moderada y prudente. Además, motivaba a los creyentes a ser perseverantes en medio de las pruebas y a practicar un amor genuino. En cuarto lugar, era un líder que oraba: Santiago recalcaba la importancia de la oración, como lo demuestra en su epístola: *"Confesaos vuestras ofensas unos a otros, y orad unos por otros, para que seáis sanados. La oración eficaz del justo puede mucho"* (Santiago 5:16). Y, en quinto lugar, encontramos la humildad. Santiago se identifica a sí mismo como: *"siervo (esclavo) de Dios y del Señor Jesucristo"* (Santiago 1:1).

No hay duda, que la humildad en el siervo de Dios es indispensable para poder modelar un liderazgo efectivo.

Debemos aprender de Santiago e imitar su fe, vida de oración y fidelidad a Dios. En su epístola, Santiago describe los pasos a seguir desde el momento que Dios nos llama a trabajar en su obra, entre ellos: gozarnos en las pruebas, porque producen paciencia; ser prontos para oír, tardos para hablar y tardos para airarse; recordar siempre que la fe si obras es muerta; saber manejar la lengua, porque puede encender un bosque; y, finalmente, siempre recordar que la oración del justo puede mucho.

Como líder, Santiago era un pensador incisivo y organizado. Sus cartas muestran una serie de mandatos que dan por sentado que él había vivido una experiencia de transformación. Su teología del evangelio era práctica. Por eso, su carta aconseja procurar la conducta moral en nuestra vida diaria y rechazar las falsas teologías. Recalca que el mensaje tiene que cumplir con las demandas divinas y llevar a una vida ética basada en las normas del evangelio cristiano.

Santiago, en su trayectoria como líder, ejemplifica una vida práctica, perseverante y dedicada al bienestar espiritual y moral. Su ejemplo sigue siendo pertinente hoy, recordándonos que la fe genuina se manifiesta a través de nuestras acciones.

PABLO

Pablo, otro líder que hizo historia, narra parte de su trasfondo histórico en Hechos 22:3.

> *Yo de cierto soy judío, nacido en Tarso de Cilicia, pero criado en esta ciudad, instruido a los pies de Gamaliel, estrictamente conforme a la ley de nuestros padres, celoso de Dios, como hoy lo sois todos vosotros.*

Pablo, un ser humano extraordinario, experimentó una profunda transformación cuando Jesucristo entró en su mundo interior. Se convirtió en quizás el misionero más grande que el mundo haya conocido. Probablemente, también sufrió más que cualquier otro cristiano, siendo superado solo por Cristo en su sufrimiento a manos de hombres pecadores. Sin embargo, Pablo creía que sus sufrimientos eran significativos porque compartían y completaban los de Cristo. Reconoció los beneficios del sufrimiento, como se puede ver 2 Corintios 1.5: *"Porque, así como participamos abundantemente en los sufrimientos de Cristo, así también por medio de Cristo participamos abundantemente en la consolación."*

Pablo viajó a pie más de 10,000 millas, soportando golpes, torturas, apedreamientos, encarcelamientos y siendo dejado para morir en múltiples ocasiones. Esto nos recuerda que los líderes que Dios llama a trabajar por su obra pueden esperar que el sufrimiento también sea parte de su camino.

La historia bíblica describe al apóstol Pablo como un líder con características notables. Tenía una visión clara de la estructura fundamental de la predicación y una doctrina teológica sólida que aún sirve como modelo para todos aquellos que se embarcan en el ministerio. Aquellos que estudian el pensamiento paulino quedan asombrados por su profunda comprensión y su poderosa presentación del evangelio de Jesucristo.

La fuente de su cristología no proviene de la tradición heredada sobre Jesús de Nazaret, sino de sus propias experiencias con el Resucitado y las revelaciones recibidas durante su formación.

La predicación de Pablo se basaba en la escatología de Jesús y la inminente llegada del Reino de Dios. Fue un maestro excepcional que explicó al pueblo el evento escatológico redentor de Jesús a la luz del Antiguo Testamento, la venida de Jesús al mundo según el Nuevo Testamento, su muerte en la cruz y resurrección, y su propósito final de salvar a todos los que creen en él para que vivan con él.

Querido lector, no hay duda de que Pablo, como líder, proclamó un mensaje transformador que fue una gran bendición en su tiempo y sigue siéndolo hoy.

Como Apóstol, Pablo fue testigo de Jesucristo y de su poder redentor. El tema central en todos sus escritos fue la muerte y resurrección de Jesús como medio de redención del mundo.

Pablo también tuvo el privilegio de instruir a los gentiles con madurez, incluso frente a la conducta de sus compañeros. Demostró un profundo conocimiento de su fe.

Otro aspecto notable de Pablo fue su educación. Era culto, instruido y tenía una sólida formación helenista. Hablaba griego y arameo con fluidez. En términos familiares, era hijo de un tejedor y aprendió el oficio de su padre. Durante su segundo viaje misionero en Corinto, se dedicó a la fabricación de tiendas para mantenerse, como se relata en Hechos 18:3: *"Y como era del mismo oficio, se quedó con ellos y trabajaban juntos, pues el oficio de ellos era hacer tiendas"* (Hechos 18:3).

JUAN

Según la tradición y a pesar de las luchas sobre quién fue el autor del libro, dice la historia que Juan era de edad avanzada cuando compuso el cuarto Evangelio. Además, los datos bíblicos relatan que Juan, el discípulo del Señor, fue el que reposó sobre su pecho (Juan 13:23).

Analicemos la trayectoria de este líder a la luz de cuatro pasajes del Evangelio. En primer lugar, es el único apóstol presente al pie de la cruz, donde Jesús, en sus últimos momentos, le confía el cuidado de su madre: *"Después dijo al discípulo: He ahí tu madre. Y desde aquella hora el discípulo la recibió en su casa"* (Juan 19:27). En segundo lugar, en la mañana de Pascua, llega al sepulcro de Jesús antes que nadie y es el primero en presenciar su resurrección (Juan 20:3-8). En tercer lugar, cuando Jesús se aparece en el lago de Tiberias, el relato bíblico indica que lo reconoce antes que los demás.

> *Entonces aquel discípulo a quien Jesús amaba dijo a Pedro: ¡Es el Señor! Simón Pedro, cuando oyó que era el Señor, se ciñó la ropa (porque se había despojado de ella), y se echó al mar.*
>
> Juan 21:7

Y, en cuarto lugar, está claro que el propósito de Juan era confirmar y profundizar la fe de sus oyentes en Jesús como el Mesías e Hijo de Dios, para que, a través de esa fe, pudieran alcanzar la vida eterna.

> *Hizo además Jesús muchas otras señales en presencia de sus discípulos, las cuales no están escritas en este libro, [31] pero estas se han escrito para que creáis que Jesús es el Cristo, el Hijo de Dios, y para que, creyendo, tengáis vida en su nombre.*
>
> Juan 20:30-31

Juan no titubeó en confrontar a los herejes que buscaban confundir la iglesia y combatió con firmeza los errores de orden doctrinal:

> *Todo aquel que cree que Jesús es el Cristo, es nacido de Dios; y todo aquel que ama al que engendró, ama también al que ha sido engendrado por él.*
>
> 1 Juan 5:1-2

También, enfrentó el desorden moral de aquel tiempo:

> *¿Quién es el mentiroso, sino el que niega que Jesús es el Cristo? Este es anticristo, el que niega al Padre y al Hijo, ^{23}todo aquel que niega al Hijo, tampoco tiene al Padre. El que confiesa al Hijo, tiene también al Padre.*
>
> 1 Juan 2:22-23

Otro aspecto notable del autor del Cuarto Evangelio fue su capacidad para abordar las inquietudes y necesidades de las personas que buscaban conocer a Dios. Presenta un camino hacia la salvación, como se ve en la declaración de Jesús: *"Yo soy el camino, y la verdad, y la vida; nadie viene al Padre, sino por mí"* (Juan 14:6). Como líder y predicador, Juan tenía claro que su objetivo era transmitir al mundo que Jesucristo es el Mesías prometido, Dios hecho carne, y que aquellos que creen en Él serán salvos.

En conclusión, el enfoque pedagógico de Juan era capacitar tanto a los líderes de su tiempo como a los de los tiempos modernos para comprender la divinidad de Jesús como el Hijo de Dios, la vida eterna, el nacer de nuevo, la importancia de ser guiados por el Espíritu Santo, el amor mutuo y, sobre todo, la fe.

No se turbe vuestro corazón; creéis en Dios, creed también en mí, ²en la casa de mi Padre muchas moradas hay; si así no fuera, yo os lo hubiera dicho; voy, pues, a preparar lugar para vosotros, ³y si me fuere y os preparare lugar, vendré otra vez, y os tomaré a mí mismo, para que donde yo estoy, vosotros también estéis.

Juan 14:1-3

FELIPE

El libro de los Hechos de los Apóstoles incluye a un hombre llamado Felipe entre los siete líderes de segunda generación escogidos por la iglesia en Hechos 6:5. Después del martirio de Esteban, evangelizó Samaria y recibió una encomienda especial de parte de Dios: *"Un ángel del Señor habló a Felipe, diciendo: Levántate y ve hacia el sur, por el camino que desciende de Jerusalén a Gaza, el cual es desierto"* (Hechos 8:26).

Felipe, como predicador visionario, no dudó ante el desafío de traspasar las barreras culturales y llevar el evangelio más allá de las fronteras del pueblo judío.

Felipe tuvo vivencias extraordinarias cuando evangelizó al eunuco etíope. Su ejemplo nos llama a aprender elementos que todo predicador debe tener presente, como cuales deben ser las actitudes y características que un predicador debe mostrar ante el llamado divino. En este caso, encontró un alma necesitada de alguien que le explicara el significado de las Escrituras.

El modelo de Felipe para una evangelización efectiva se basa en cuatro pasos clave. En primer lugar, enfatiza la importancia de la obediencia, que va más allá de cumplir con nuestras responsabilidades como líderes. Implica responder con alegría y entusiasmo a la llamada divina, como se ve en el relato de Felipe: *"Entonces él se levantó y fue. Y evangelizó al eunuco"* (Hechos 8:8:27).

En segundo lugar, Felipe demostró la capacidad de seguir la dirección del Espíritu Santo sin dudar de la voluntad divina. Este paso requiere una combinación de fe, humildad y valentía espiritual, ya que implica confiar plenamente en que la guía divina tiene un propósito perfecto.

En tercer lugar, Felipe comprendió la urgencia de alcanzar las almas necesitadas. El relato describe a un hombre que tenía un fuerte deseo de comprender las escrituras. Felipe reconoció esta urgencia y respondió en consecuencia.

En cuarto lugar, Felipe utilizó un modelo eficaz para la evangelización. Se acercó al hombre con tacto y esperó a que se abriera la puerta para el diálogo. Felipe comenzó preguntando: *"¿Entiendes lo que lees?"* (Hechos 8:30). Esta pregunta abrió la puerta a una conversación más profunda, y el hombre respondió: *"¿Y cómo podré, si alguno no me enseñare? Y rogó a Felipe que subiese y se sentara con él"* (Hechos 8:31). Felipe esperó el momento adecuado para predicar y se centró específicamente en el mensaje del evangelio de Jesús, como se ve en Hechos 8:35: *"Entonces Felipe, abriendo su boca, y comenzando desde esta escritura, le anunció el evangelio de Jesús"*.

Finalmente, el ministerio de Felipe debe motivarnos a entender que es el Espíritu Santo quien nos selecciona y nos ubica a trabajar en su obra en medio de la historia. Por eso Felipe, es un modelo digno de imitar. Su ejemplo ilustra con claridad la manera de cómo debemos proceder cuando Dios nos llama. Con gran alegría y entusiasmo, debemos rendirnos a la voluntad divina en medio de nuestra trayectoria.

No hay duda de que, al igual que Felipe, el Espíritu Santo obrará en el corazón de los perdidos, convenciéndolos de pecado y guiándolos a un nuevo nacimiento en Jesucristo. Nuestro deber es obedecer el mandato divino e ir a aquellos que están cerca o distantes, compartiendo lo que Dios ha hecho con nosotros. Al igual que Felipe, debemos ser obedientes y caminar hacia las almas que encontramos en nuestra trayectoria diaria.

Con amor, debemos comenzar a fomentar una amistad con las personas no aún no han creído y, con fe, esperar el momento oportuno para dar por gracia lo que por gracia hemos recibido. Aprendamos del modelo de Felipe con la confianza total de que el Espíritu Santo obrará en el corazón de las personas, convenciéndolas de pecado y guiándolas a un nuevo nacimiento en Jesucristo.

Capítulo 8
Algunas siervas del Señor en el Nuevo Testamento

En el presente capitulo encontramos algunas mujeres, siervas del Señor del Nuevo Testamento, que se destacaron en su trayectoria desde distintas facetas.

MARÍA, LA MADRE DE JESÚS

Veamos algunas de las características esenciales que distinguieron a María en su trayectoria. Fue una mujer digna, humilde, valiente y fiel que demostró esas cualidades a lo largo de su vida. En primer lugar, María se sometió voluntariamente al planteamiento divino y dando muestra de humildad no titubeó ante lo que Dios le pidió que hiciera. Avanzó valientemente y confió en Dios: *"Entonces María dijo, "He aquí la sierva del Señor; hágase conmigo conforme a tu palabra"* (Lucas 1:38).

En segundo lugar, dio cátedra de crianza, educando con el ejemplo y con la palabra. Dice el relato bíblico que crio y le enseñó a Jesús:

> *...después de haber cumplido con todo lo prescrito en la ley del Señor, volvieron a Galilea, a su ciudad de Nazaret, ^{40}y el niño crecía y se fortalecía, y se llenaba de sabiduría; y la gracia de Dios era sobre él.*
>
> Lucas 2:39-40

Otra historia importante en la trayectoria de María como madre, fue la ausencia de Jesús cuando tenía doce años. Según la historia, era costumbre de los padres ir a la fiesta de la pascua a Jerusalén y al regresar, notaron su ausencia. Decidieron regresar a buscarlo y a los tres días lo encontraron en el templo sentado con los maestros. Ella sorprendida le dijo:

> *"Cuando lo vieron sus padres, se quedaron admirados. Hijo, ¿por qué te has portado así con nosotros?, dijo su madre. ¡Mira que tu padre y yo te hemos estado buscando angustiados! ^{49} Él respondió: –¿Por qué me buscaban? ¿No sabían que tengo que estar ocupado en los asuntos de mi Padre? ^{50} Pero ellos no entendieron lo que decía. ^{51} Así que Jesús bajó con sus padres a Nazaret y vivió sujeto a ellos. Y su madre conservaba todas estas cosas en el corazón. ^{52} Jesús siguió creciendo en sabiduría y estatura, y cada vez más gozaba del favor de Dios y de la gente.*
>
> Lucas 2.48-52 NVI

La reacción de María ante la desaparición de Jesús muestra su amor y preocupación como madre, así como el profundo sentido de propósito que ya tenía Jesús desde temprana edad. Este momento destaca la humanidad de la Sagrada Familia y la relación única de Jesús con Dios. La reacción de María plantea un desafío a las mujeres líderes de hoy, enfatizando la importancia de sus roles como madres, tanto en el ámbito espiritual como en el emocional. María demostró una dedicación inquebrantable como madre, pero también reconoció la misión y el propósito más amplio de Jesús. Logró un equilibrio notable, perseverando en momentos difíciles mientras buscaba a su hijo.

A pesar de su preocupación, María se acercó a Jesús con amor y comprensión, fomentando una comunicación abierta. Este modelo de liderazgo ilustra la necesidad de que las mujeres líderes de hoy lideren con empatía y compasión, fomentando relaciones humanas sólidas incluso en medio de desafíos que requieren paciencia, resiliencia y fe, especialmente en circunstancias inciertas. En última instancia, esta representación de María como madre resalta la importancia de encontrar un equilibrio entre las responsabilidades familiares, personales y profesionales, sin perder de vista el propósito y la visión.

ISABEL

Isabel fue esposa de Zacarías, madre de Juan el Bautista y pariente de María la madre de Jesús. El Evangelio de Lucas describe a Isabel como esposa de un líder. Era una mujer justa y obediente a los mandamientos divinos: *"ambos eran justos delante de Dios, y andaban irreprensibles en todos los mandamientos y ordenanzas del Señor"* (Lucas 1:6).

El encuentro entre María y su prima Elizabeth es un pasaje conmovedor conocido como la "Visitación". Ocurre después de que el ángel Gabriel anuncia a María que será la madre de Jesús y le menciona que su prima Elizabeth, quien era estéril, también espera un hijo (Juan el Bautista).

Según el relato bíblico, estaba Zacarías ministrando en el templo, cuando de pronto:

> *Y se le apareció un ángel del Señor puesto en pie a la derecha del altar del incienso, ¹²y se turbó Zacarías al verle, y le sobrecogió temor, ¹³pero el ángel le dijo: Zacarías, no temas; porque tu oración ha sido oída, y tu mujer Elisabeth te dará a luz un hijo, y llamarás su nombre Juan,...²⁴después de aquellos días concibió su mujer Elisabeth, y se recluyó en casa por cinco meses, diciendo: ²⁵Así ha hecho conmigo el Señor en los días en que se dignó quitar mi afrenta entre los hombres.*
>
> Lucas 1: 11-13 y 24-25

Aunque tanto ella como su esposo eran ancianos, si Dios lo dijo, porque dudarlo. ¡Para Dios nada es imposible! Isabel demuestra una profunda madurez emocional y espiritual al enfrentar su embarazo en una etapa avanzada de la vida.

Esta mujer de Dios es un modelo de liderazgo. Comprendió los desafíos internos dentro de su familia, como el matrimonio y la edad, y a pesar de la opinión pública, se mantuvo firme en su fe en Dios. Es inspirador ver cómo esta sierva del Señor, en su rol de mujer y esposa de un sacerdote, trajo alegría a quienes la conocían al descubrir la profunda bondad y misericordia de Dios. Su ejemplo nos enseña que cuando nos comprometemos a ser fieles a Dios, tanto en nuestras vidas espirituales como prácticas, nuestras vidas familiares se transforman en celebraciones de alegría y satisfacción en todas nuestras actividades diarias. La historia bíblica nos dice que era justa a los ojos de Dios.

Durante la visita de María al hogar de Isabel, encontramos la semilla de la primera proclamación de Jesús.

> *En aquellos días, levantándose María, fue de prisa a la montaña, a una ciudad de Judá; 40y entró en casa de Zacarías, y saludó a Elisabeth, 41y aconteció que cuando oyó Elizabeth la salutación de María, la criatura saltó en su vientre; y Elisabeth fue llena del Espíritu Santo, 42y exclamó a gran voz, y dijo: Bendita tú entre las mujeres, y bendito el fruto de tu vientre, 43 Por qué se me concede esto a mí, que la madre de mi Señor venga a mí? 44porque tan pronto como llegó la voz de tu salutación a mis oídos, la criatura saltó de alegría en mi vientre, 45y bienaventurada la que creyó, porque se cumplirá lo que le fue dicho de parte del Señor.*

Lucas 1:39-45

En conclusión, este relato describe un encuentro que se transformó en una celebración en la casa de Elizabeth, donde la alegría se compartió libremente. Incluso el bebé que crecía en el vientre de Isabel saltó de gozo. Este encuentro simboliza la celebración de las promesas de Dios y la importancia del apoyo mutuo. Ambas mujeres experimentaron una alegría y gratitud extraordinarias, lo que refleja la belleza de la comunión entre creyentes.

LIDIA

La Biblia menciona a una mujer llamada Lidia, originaria de Tiatira, que se dedicaba a la venta de telas y púrpura.

Entonces una mujer llamada Lidia, vendedora de púrpura, de la ciudad de Tiatira, que adoraba a Dios, estaba oyendo; y el Señor abrió el corazón de ella para que estuviese atenta a lo que Pablo decía.

Hechos 16:14

Esta mujer escuchó el mensaje que Pedro predicaba y fue bautizada junto a toda su familia. Otros datos sobresalientes sobre esta mujer son que gozaba de libertad financiera en una época en la que las mujeres tenían pocas oportunidades. La historia también destaca su espíritu emprendedor, su educación y su determinación para sobresalir tanto en su hogar como en una sociedad dominada por hombres. Otra característica que sobresalió en la trayectoria de Lidia fue su hospitalidad: *"Y cuando fue bautizada, y su familia, nos rogó diciendo: Si habéis juzgado que yo sea fiel al Señor, entrad en mi casa, y posad. Y nos obligó a quedarnos"* (Hechos 16:15).

El corazón de esta líder es una muestra de amor y percepción espiritual, ya que ofrece hospitalidad a los siervos del Señor, permitiéndoles descansar en su hogar. En esencia, esta mujer de Dios ejemplifica el amor que debemos expresar a Dios y a nuestro prójimo, sirviendo como un modelo a seguir en nuestra vida contemporánea. Sin duda, el liderazgo de Lidia nos desafía a seguir aprendiendo cómo encarnar una vida cristiana, inspirados por su testimonio como mujer de Dios.

Por lo tanto, amado lector, recordemos que Dios nos llama a vivir en amor. Como enseña Mateo 22:37-39: *"Amarás al Señor tu Dios con todo tu corazón, y con toda tu alma y con toda tu mente, y al prójimo como a ti mismo"*.

MARÍA MAGDALENA

Según la historia bíblica, esta mujer tuvo el privilegio de ser la primera en encontrarse con Jesús después de su resurrección y compartir la noticia con los discípulos. Desde el momento en que fue liberada de los demonios que la atormentaban, demostró una lealtad inquebrantable a Jesús. Durante su trayectoria, tuvo el honor de acompañar a María, la madre de Jesús, durante su crucifixión. Como mujer agradecida, asumió el liderazgo en momentos difíciles y, sin titubear, mostró valentía y compromiso. Su testimonio fue fundamental y desafiante para los primeros cristianos, consolidando su papel como una líder influyente.

Es realmente inspirador ver cómo María Magdalena, con una fe inquebrantable, abrazó la misión que Jesús le encomendó. Con gran lealtad y valentía, se convirtió en la portavoz de la extraordinaria noticia de la resurrección de Jesús. Su ejemplo sirve como un poderoso desafío para todos los líderes que tienen la responsabilidad de compartir la gran noticia de que Cristo vive, salva, sana y regresa. La historia de esta mujer de Dios resuena a través de los siglos, y su legado continúa inspirando a innumerables personas. Su papel como testigo de la resurrección de Jesús es particularmente significativo, ya que fue la primera en presenciar al Cristo resucitado y en compartir esta noticia transformadora con los apóstoles.

Además, como ejemplo de una mujer que se levantó de las ruinas, ha dado muestra de un testimonio personal, de una fe y lealtad inquebrantable que motiva a todo líder a entender que, en Cristo, su trayectoria será de grandes bendiciones, porque para el que cree, todo es posible:

> *Jesús le dijo: Si puedes creer, al que cree todo le es posible. 24E inmediatamente el padre del muchacho clamó y dijo: Creo; ayuda mi incredulidad.*
>
> Marcos 9:23-24

PRISCILA

Otra mujer extraordinaria es Priscila. Tuvo un papel muy relevante en el Nuevo Testamento y fue de gran bendición en el ministerio cristiano en el comienzo de la iglesia primitiva. Junto a su esposo Aquila, compartió las tareas del apóstol Pablo en la proclamación y difusión del cristianismo:

> *Después de estas cosas, Pablo salió de Atenas y fue a Corinto, 2y halló a un judío llamado Aquila, natural del Ponto, recién venido de Italia con Priscila su mujer, por cuanto Claudio había mandado que todos los judíos saliesen de Roma. Fue a ellos, 3y como era del mismo oficio, se quedó con ellos, y trabajaban juntos, pues el oficio de ellos era hacer tiendas 4 y discutía en la sinagoga todos los días de reposo, y persuadía a judíos y a griegos.*
>
> Hechos 18:1-3

En su trayectoria, fue de bendición en la formación de Apolos, instruyéndolo en el conocimiento del Evangelio y ayudándolo a comprender la verdad sobre Jesús:

> Llegó entonces a Éfeso un judío llamado Apolos, natural de Alejandría, varón elocuente, poderoso en las Escrituras, 25este había sido instruido en el camino del Señor; y siendo de espíritu fervoroso, hablaba y enseñaba diligentemente lo concerniente al Señor, aunque solamente conocía el bautismo de Juan., 26y comenzó a hablar con denuedo en la sinagoga; pero cuando le oyeron Priscila y Aquila, le tomaron aparte y le expusieron más exactamente el camino de Dios.
>
> Hechos 18:24-26

Finalmente, Priscilla aceptó celebrar en su hogar, con hospitalidad, las reuniones de los líderes para discutir las distintas tareas en la formación de la iglesia.

Capítulo 9
Trayectoria de líderes desde Puerto Rico al mundo

Comienzo este capítulo con gran alegría mientras abro el archivo de mis recuerdos, que residen en algún lugar de mi mente. Desde mi nacimiento, he sido parte de la historia de nuestra *Iglesia de Dios Pentecostal M.I.*, ya que mis padres, el Reverendo Félix Colón López y la Misionera Nélida Ester Ramos, ya eran líderes que pastoreaban la iglesia del Señor. Fue dentro de este entorno que crecí y fui formado, con la bendición de servir en el ministerio como pastor y educador durante más de 44 años.

Desde ese momento, pude observar a numerosos siervos que, con gran entusiasmo, se embarcaron en sus viajes para alcanzar los horizontes que Dios les había encomendado. Fue realmente impresionante ver cómo, a pesar de las lágrimas derramadas ante los grandes desafíos, la *Iglesia de Dios*

Pentecostal M.I. ha calado hondo en los corazones de la gente, tanto a nivel local como mundial.

Nuestra iglesia ha dejado su huella en la historia a través de la trayectoria de sus distintos presidentes. Esta bendición, guiada por el Espíritu Santo, ha permitido que siervos con gran tenacidad sembraran la semilla del Evangelio en muchos corazones.

1. Juan L. Lugo fue el primer presidente. Trazó la ruta a seguir por nuestra iglesia en la predicación del glorioso evangelio en nuestra isla puertorriqueña. Fue considerado el pionero del pentecostalismo en Puerto Rico, fundando la primera Iglesia Pentecostal en Ponce, en 1916.

2. Frank Finkenbinder, segundo presidente, fue un influyente líder en la historia del pentecostalismo latino en América. Su liderazgo se destacó en el contexto del renacimiento pentecostal en la primera mitad del siglo XX.

3. Tomas Álvarez fue el tercer presidente. En su trayectoria se destacó por llevar el mensaje y el canto. Además, fue uno de los pilares en la expansión de la obra pentecostal.

4. José Martínez, cuarto presidente, fue un destacado líder espiritual y predicador. Su trayectoria se caracterizó por su profunda fe, dedicación a la oración y su compromiso con la Palabra de Dios.

5. Pedro Juan Alvarado, quinto presidente, se caracterizó por su liderazgo firme y consistente. Presidio la iglesia desde 1945 hasta 1969, obteniendo grandes logros.

6. Jesús Pérez Torres fue el sexto presidente. Se destacó como predicador elocuente y parlamentarista.

7. Eleuterio Feliciano fue el séptimo presidente. Líder con una visión desarrollista, fue una figura clave en el pentecostalismo en Puerto Rico y a nivel internacional. También asumió la presidencia de la *Iglesia de Dios Pentecostal* a nivel internacional.

8. Pedro Martínez fue el octavo presidente. Se destacó como un líder incansable. Una de sus características era que tenía una mente de enciclopedia por su habilidad de recordar nombres. También fue presidente a nivel Internacional.

9. Pedro Torres Velázquez fue el noveno presidente. En su trayectoria fue un líder temeroso, amigo, cantor, y visionario comprometido con el desarrollo de la iglesia. Siempre tenía lista su guitarra.

10. William Hernández Ortiz es actualmente es el Obispo a nivel Internacional. Además, fue el décimo presidente de la *Iglesia de Dios Pentecostal M.I.* en Puerto Rico. Su trayectoria ha sido marcada por un liderazgo comprometido y una dedicación ferviente a la obra del Señor. Durante su mandato, ha trabajado incansablemente para fortalecer la iglesia y expandir su alcance tanto a nivel local como mundial.

11. Manuel Fuentes Valentín fue el undécimo presidente. Es reconocido por su liderazgo en la *Iglesia de Dios Pentecostal M.I.* en la Región de Puerto Rico. Durante su trayectoria se caracterizó por su rol crítico en la iglesia, impactando la vida de muchos mediante su liderazgo y servicio. Por su labor social, económica, cultural y espiritual, fue reconocido por figuras del gobierno local y por la comunidad.

12. Hernán Rivera se distingue por su trayectoria como líder, su formación y por ser hijo de pastor y luego pastor en propiedad. Es precisamente dentro de ese contexto que se convierte en el duodécimo presidente. Su liderazgo se caracteriza por su dedicación de sostener el crecimiento de la iglesia, la labor social y abrir nuevas obras.

Nuestra iglesia cuenta con un impresionante historial de siervos que han dejado huella en su trayectoria de bendición. Es inspirador ver cómo estos siervos han impactado a la iglesia a través de su enseñanza, predicación y liderazgo. Cada uno posee un don único: desde la elocuencia de Mario Vega Gutiérrez, conocido como "pico de oro", hasta la visión educativa del Rev. Ramón Muñiz, el talento poético del Rev. José Vázquez y la poderosa voz del Rev. Isabelo García. Además, el impacto literario del Rev. Luis Otero, la profundidad filosófica del Rev. Félix Colón López y la dedicación histórica del Rev. David Ramos han contribuido a la rica historia de nuestra iglesia.

Nuestra iglesia también ha tenido destacadas líderes que han dejado su huella como mujeres de Dios. Entre ellas se destaca Isabelita Ortiz de Lugo. En Puerto Rico, fue una maestra, esposa y madre que demostró un liderazgo comprometido en la fundación de varias iglesias, tanto en Puerto Rico como en Hawaii. Además, fue conocida por su fe inquebrantable y su perseverancia en medio de las dificultades. Su vida y testimonio inspiraron a muchos líderes a seguir adelante en su caminar con Dios.

En 1937, junto a su esposo, el Reverendo Juan Lugo, Isabelita fundó el *Instituto Mizpa*, una institución educativa fundamental en la formación y desarrollo de líderes pentecostales en Puerto Rico. Su excepcional capacidad para enseñar y guiar a otros en su crecimiento espiritual la convirtió en una figura destacada. Otra líder notable fue la misionera Matilde Román, reconocida por su maestría en la enseñanza de la Palabra.

Las misiones han desempeñado un papel fundamental en la *Iglesia de Dios Pentecostal M.I.* en Puerto Rico desde sus inicios. Reflejan el compromiso inquebrantable de la iglesia con el mandato bíblico de llevar el evangelio a todas las naciones. Nuestra iglesia se mantiene fiel al consejo bíblico de La Gran Comisión (Mateo 28:18-20). ¡Qué legado tan inspirador!

Estos líderes demostraron un compromiso inquebrantable con la misión de difundir el evangelio y establecer comunidades de fe en diversas regiones. Por ejemplo, Salomón Feliciano y su esposa Dionisia fueron pioneros en el movimiento pentecostal en Ponce, Puerto Rico, celebrando el primer culto en 1916. En 1917, se convirtieron en los primeros misioneros de la iglesia, llevando el mensaje a la República Dominicana. Tomás Álvarez expandió la obra en Nueva York en 1928, mientras que Francisco Rodríguez llevó el evangelio a Cuba en 1937. Juan Rodríguez continuó la labor en las Islas Vírgenes en 1945. Francisco Rico y María Sánchez fueron enviados a Haití en 1949, donde sirvieron por más de 30 años. Carlos Juan Rivera también llevó el mensaje a Cuba, y Luis M. Ortiz había partido hacia allí antes de la creación del Departamento de Misiones Extranjeras.

Estos líderes no solo abrieron caminos, sino que dejaron un legado de fe y servicio, demostrando que la obra de Dios trasciende fronteras.

Nuestra iglesia también ha tenido la suerte de contar con una Sociedad de Damas Mensajeras del Señor, mujeres valientes y sabias que han sido fundamentales en la expansión de la iglesia. Estas siervas no solo han contribuido con sus oraciones y enseñanzas, sino que también han realizado trabajo social y comunitario, brindando apoyo a quienes lo necesitan. Su valentía ha demostrado que el servicio a Dios va más allá de la oración y la enseñanza.

Estas mujeres siervas del Señor no solo fueron pioneras en su tiempo, sino que también dejaron un legado duradero que sigue inspirando a las generaciones actuales.

Los Heraldos de Cristo, una sociedad clave dentro de la *Iglesia de Dios Pentecostal* en Puerto Rico, han dejado una huella imborrable en la historia. Su liderazgo ha allanado el camino para el desarrollo de la iglesia, proporcionando un rico banco de recursos que ha dado forma a su trayectoria. *Los Heraldos de Cristo* han desempeñado un papel fundamental en la formación de líderes y la promoción de valores cristianos. Su enfoque principal es capacitar a los hombres de la iglesia, fortaleciendo su fe en el Señor y capacitándolos para que asuman roles activos tanto en sus congregaciones como en sus comunidades.

La juventud de nuestra iglesia también ha dejado una huella imborrable a través de la *Asociación de Jóvenes Embajadores de Cristo* Región de Puerto Rico. Esta organización ha desempeñado un papel fundamental en la formación de numerosos líderes jóvenes en Puerto Rico y más allá. Su influencia ha impactado significativamente la vida de los creyentes y ha impulsado la difusión del mensaje cristiano. La misión principal de la asociación es formar líderes comprometidos que sirvan como modelos a seguir para la juventud. Cabe destacar que muchos de los pastores actuales fueron miembros activos de la Asociación Embajadores de Cristo.

La Sociedad de Niños Joyas de Cristo, otra organización dentro de la *Iglesia de Dios Pentecostal M.I.,* se dedica a la educación y el desarrollo espiritual de los niños. Su objetivo es nutrir a los futuros líderes de la iglesia, equipándolos con el conocimiento y la comprensión de la Biblia y Jesucristo. Dirigida a niños de entre 0 y 12 años, la sociedad fomenta el aprendizaje y el crecimiento espiritual, ayudándoles a comprender a Jesús como su único Salvador. A través de su modelaje, estos niños se convierten en bendiciones para sus familias y comunidades.

También nuestra iglesia, a través del Departamento de ASSPEN *(Agencia de Servicios Sociales Pentecostales)* en la *Iglesia de Dios Pentecostal, M.I.,* cuenta con un equipo de líderes cuya visión es un Evangelio práctico. Su objetivo es no solo predicar, sino también amar a la comunidad y brindar apoyo durante momentos difíciles. Estos líderes trabajan en conjunto para ofrecer apoyo espiritual, ropa, alimentos y otras ayudas a quienes las necesitan. Además, responden a desastres naturales como huracanes, terremotos e inundaciones.

Los líderes de la *Iglesia de Dios Pentecostal M.I.* se dedican a servir a sus congregaciones y comunidades con pasión y compromiso. Guiados por los principios bíblicos, comparten el mensaje de salvación, expanden la fe cristiana y brindan apoyo a quienes sufren. Estos líderes asumen un papel de guía espiritual, motivados por su fe y compromiso con los valores del Reino de Dios. Su visión del liderazgo en la iglesia demuestra que el compromiso con el Reino no se limita a las palabras, sino que se manifiesta en acciones concretas que transforman vidas.

En conclusión, su labor no solo fortalece la fe cristiana, sino que también crea comunidades más unidas y solidarias. Guiados por los principios bíblicos, cada líder se convierte en un faro de esperanza, llevando el mensaje de salvación y amor a quienes buscan dirección y consuelo. Es admirable ver cómo su esfuerzo impacta no solo a quienes están dentro de la iglesia, sino también a toda la comunidad. Su compromiso va más allá de las paredes del templo, convirtiéndose en un testimonio vivo del amor y la compasión que enseñó Jesús. A través de su labor, no solo fortalecen la fe dentro de la iglesia, sino que también extienden el mensaje de esperanza y servicio a quienes más lo necesitan.

Capítulo 10
Tendencias modernas en el mundo actual

Pasemos a echar un vistazo a algunas tendencias preocupantes en el mundo de la teología actual.

TRASFONDO

Según los estudiosos, hace algunas décadas algunos predicadores han perdido el corazón de su audiencia. Esta situación hace urgente reexaminar las causas de una falsa espiritualidad. Es triste ver cómo muchos predicadores manipulan los principios bíblicos de la adoración. Lamentablemente, esta tendencia se observa en muchas predicaciones, en cultos tradicionales y no tradicionales, en iglesias casi muertas y en muchos grupos postmodernos.

En ambos extremos, y en todos los puntos intermedios, esta ignorancia a menudo lleva a prácticas contrarias a la revelación bíblica. Esto crea descontento entre los oyentes, quienes, en muchos casos, abandonan la iglesia y se vuelven incrédulos o apóstatas, adoptando otras creencias extrañas. Sin duda, estas tendencias modernas amenazan la fe religiosa. Una fe descentralizada puede llevar a la confusión dentro de la comunidad religiosa, creando divisiones y conflictos en la iglesia. Además, puede dejar a los creyentes confundidos con respecto a sus creencias y prácticas.

Estas tendencias pueden llevar al creyente a una sensación de desorientación espiritual, al abandono de la fe e incluso a ir en búsqueda de respuestas a sus preguntas, siguiendo doctrinas de demonios. En algunos casos, la espiritualidad se vuelve superficial, enfocándose más en experiencias emocionales que en una verdadera transformación espiritual.

PRIMERA TENDENCIA: LA TEOLOGÍA CONTEMPORÁNEA

El predicador debe estar al tanto de la teología contemporánea y comprender los desafíos que presenta. Esto implica que es su responsabilidad analizar esta tendencia en relación con sus interpretaciones de las doctrinas básicas de la Biblia, la antropología, la lucha entre la razón y la revelación, las ciencias sociales y sus efectos en la mente humana actual. Por lo tanto, debemos ser cautelosos en nuestro camino para mantenernos firmes en nuestra herencia teológica, asegurándonos de que no se desvíe de los fundamentos bíblicos que hemos aprendido sobre Dios, la humanidad, el plan divino y la misión de la iglesia.

Debemos cuidarnos de aquellos teólogos contemporáneos que interpretan los textos sagrados a la luz de los conceptos modernos que contienen información totalmente errónea. Esta tendencia ha causado un cambio significativo en el pensamiento de algunos líderes cristianos. Creo que el propósito de algunas ramas de la teología contemporánea es destruir la fe, los valores aprendidos, e inclinar la balanza hacia una diversidad de interpretaciones de creencias religiosas o morales que pueden desviarnos del consejo divino. Una teología errática pueden conducir al error.

Algunas tendencias teológicas enseñan nuevas maneras de ver la espiritualidad. Llevan a quienes las adoptan a reexaminar los fundamentos de la fe, para tratar de justificar sus planteamientos. Muchos líderes y creyentes enfrentan cuestionamientos que los llevan a cuestionar los pilares de su fe.

Hay un empeño en crear confusión en algunos líderes, presionándolos a que cambien sus postulados que, por toda la vida, han sido el norte divino en su trayectoria como predicadores del mensaje divino. Esa manera de interpretar las escrituras se ha caracterizado porque descentraliza la atención del oyente y desvía su atención hacia la política, las ofertas sociales y un humanismo totalmente alejado de Dios. Su propósito es borrar de la mente del ser humano la urgencia de vivir según el consejo de divino. Estas tendencias teológicas presionan al creyente a que, en lugar de dar su vida a Cristo para que ser salvo, se convierta en un revolucionario, con el fin de tornarlo en contra del consejo divino y arrancar de raíz los sistemas establecidos, fundamentando su cosmovisión en postulados políticos humanos.

Las teologías dañinas tienen una trayectoria lineal, o sea, una visión histórica basada en perspectivas sociales, y no en la espiritualidad. Son un franco desafío a nuestra teología, que está centrada en Cristo.

Dios le ha dado a la iglesia del Señor el conocimiento necesario para serle fiel. Judas advierte que hay que contender vigorosamente por la fe: *"Amados, por la gran solicitud que tenía de escribiros acerca de nuestra común salvación, me ha sido necesario escribiros exhortándoos que contendáis ardientemente por la fe que ha sido una vez dada a los santos"* (Judas 1:1-3). También Pablo exhortó a Timoteo cuando le aconsejo: *"Ten cuidado de ti mismo y de la doctrina; persiste en ello, pues haciendo esto, te salvarás a ti mismo y a los que te oyeren"* (1 Timoteo 4:16).

No olvidemos las enseñanzas de la Palabra de Dios. Ha sido triste ver cómo aquellos que cedieron ante las presiones de diversas tendencias teológicas han provocado resultados nefastos en la trayectoria de la iglesia debido a su falta de firmeza ante el cambio. Por lo tanto, debemos comprender claramente lo que representan todos estos desafíos en nuestro camino como pastores predicadores y, sobre todo, no descuidar que nuestro fundamento sea divino y que nuestra teología esté guiada por el Espíritu Santo.

Debemos ser conscientes de esta situación histórica y de la urgente necesidad de que seamos llenos de la unción divina para que quienes nos escuchan puedan arrepentirse y acercarse al Señor. Eso es consistente con la Gran Comisión que nos legó Jesús: *"Id por todo el mundo y predicad el evangelio a toda criatura. 16 el que creyere y fuere bautizado, será salvo; más el que no creyere, será condenado"* (Marcos 16:15-17). Hoy, más que nunca, el predicador debe entender la advertencia que hace Pablo: *"Porque no nos predicamos a nosotros mismos, sino a Jesucristo como Señor"* (2 Corintios 4:5).

Además, debemos mantener nuestra mirada en Jesús, como indica la carta a los Hebreos:

> *Por tanto, nosotros también, teniendo en derredor nuestro tan grande nube de testigos, despojémonos de todo peso y del pecado que nos asedia, y corramos con paciencia la carrera que tenemos por delante, ²puestos los ojos en Jesús, el autor y consumador de la fe, el cual por el gozo puesto delante de él sufrió la cruz, menospreciando el oprobio, y se sentó a la diestra del trono de Dios.*
>
> Hebreos 12:1-2

SEGUNDA TENDENCIA: EL SINCRETISMO

Otra tendencia contemporánea que amenaza la interpretación bíblica de la iglesia en torno a la fe una vez dada a los santos es el sincretismo. El sincretismo es una mezcla de verdades cristianas con creencias y prácticas de religiones no cristianas. Estas enseñanzas equivocas confunden a muchos en el proceso de hacer teología, particularmente a la hora de preparar sus sermones.

Esta tendencia teológica representa una amenaza debido a su capacidad de asimilarse e incrementarse, convirtiéndose en una teología acomodaticia que difumina las líneas entre el bien y el mal. Por lo tanto, debemos resistir los diversos intentos del siglo actual de alterar la teología que ha sido fundamental para la vida de la iglesia. Este desafío nos obliga a afirmar que la Biblia es la fuente fundamental de la teología sistemática y la fuente divina de la sabiduría sobre la que se ha fundado la iglesia cristiana. Esta sabiduría ha sido una bendición para generaciones de personas de fe a lo largo de la historia.

Es imperativo que nos aferremos al evangelio que hemos aprendido y evitemos cualquier cosa que nos desoriente. Nuestra teología debe incluir los elementos esenciales que liberan al ser humano del pecado para predicar con poder a todas las personas para que sean salvas.

Comprendamos que entre la teología y la interpretación del evangelio debe haber una relación adecuada entre los problemas del hombre y las respuestas de su fe. La religión no es cuestión de tener ciertas creencias o prácticas, sino de una relación con Dios. En otras palabras, es la entrega total de uno mismo al Dios que nos ama y nos protege.

Como líderes, debemos ser conscientes de que estas tendencias negativas pueden llevarnos a distorsionar las doctrinas fundamentales de la fe. Puede mezclar la sana doctrina con enseñanzas falsas de diferentes interpretes religiosos, lo que puede resultar en una pérdida de la pureza y la integridad doctrinal. Más peligroso aún, las teologías erradas pueden desviarnos del enfoque en el mensaje central de la fe, que es Cristo y su obra redentora. Además, puede dar lugar a una predicación y enseñanza que no se alinee con las Escrituras. Es fundamental que la enseñanza y la predicación siempre se basen en las Escrituras, ya que nos revelan la verdad y nos guían en el camino correcto.

Finalmente, el sincretismo puede llevarnos a comprometer los valores y principios fundamentales en un intento de ser más aceptable o relevante a la sociedad que nos bombardea con mensajes sin principios cristianos y fomentar un relativismo, donde todas las creencias se consideran igualmente válidas. En consecuencia, debilita la convicción y el compromiso con los principios fundamentales de la fe.

Por lo tanto, la enseñanza correcta de las Escrituras es fundamental. Debemos fomentar el estudio serio y respetuoso de los textos sagrados. Esto ayuda a mantener la integridad de la fe y la unidad dentro de la comunidad.

TERCERA TENDENCIA: SECULARIZACIÓN

La secularización es otra amenaza que intenta confundir la teología de la iglesia. Busca liberar al hombre de la tutela religiosa y las creencias en lo espiritual, como el cielo, Dios y la vida eterna. Su objetivo es desviar nuestra atención de lo divino hacia lo terrenal. El humanismo, otro desafío tenaz, se caracteriza por una teología radical y la incapacidad de reconocer la necesidad del hombre de un Dios. Intenta convencer al hombre de que es mero un producto de la naturaleza y que, como adulto, debe liberarse de la dependencia religiosa.

Además, tiende a valorar más la racionalidad, la ciencia y la autonomía personal, lo que lleva al creyente a una disminución de su necesidad de depender de Dios en todo.

Este fenómeno complejo es una combinación de factores históricos, sociales, culturales y económicos que han reducido la dependencia de la gente del consejo bíblico, provocando una dependencia del mundo y sus enormes ofertas por medio de la tecnología. Por otro lado, la secularización y el humanismo buscan significado y propósito personal fuera de las estructuras religiosas tradicionales, valorando más la autodeterminación y la búsqueda personal de la felicidad..

Ante estos desafíos, debemos comunicar el evangelio con una teología de esperanza acorde con las enseñanzas de Cristo. Debemos fortalecer la fe de la Iglesia para que no pierda su identidad. Es vital comunicar el mensaje de Cristo con un enfoque práctico y aplicable a la vida diaria de las personas, respondiendo a sus inquietudes y desafíos. El evangelio no es solo un mensaje espiritual, sino una guía para la vida diaria, ofreciendo respuestas reales a inquietudes y dificultades. Cuando la fe se comunica de forma práctica y auténtica, se convierte en un testimonio poderoso que transforma corazones y sociedades.

Ante los desafíos ideológicos contemporáneos, el evangelio es una fuente de dirección, fortaleza y consuelo. Cuando se comparte con claridad y aplicación práctica, se convierte en un farol de esperanza, iluminando el camino de quienes buscan respuestas en medio de la incertidumbre. Al vivir la fe con autenticidad, se crea una comunidad más fuerte, basada en el amor y la verdad. Cada acción guiada por los principios del evangelio–ya sea en el servicio, en la enseñanza o en el apoyo mutuo–se convierte en una herramienta de transformación que impacta no solo a individuos, sino a sociedades enteras. Cada acto de amor y justicia refleja los principios del Reino de Dios, y cuando se multiplican, crean un movimiento de transformación que puede renovar corazones y sociedades.

La iglesia tiene el desafío y la oportunidad de ser luz y esperanza, mostrando con hechos el mensaje de Cristo y no vivir según el mundo secularizado. Enfrentar la secularización no significa rechazar la sociedad, sino transformarla desde dentro, guiando con el mensaje de Cristo de manera auténtica y firme.

Capítulo 11
Conclusión

¿Que nos plantean estas tendencias modernas a nuestra responsabilidad teológica como predicador? ¿Qué pasos debemos realizar para no desviarnos del camino en medio de la trayectoria que nos conduzcan por el camino correcto según el mapa divino, que nos plantea las Escritura? En primer lugar, es urgente que el liderazgo no se deje manipular por las corrientes filosóficas del mundo. En segundo lugar, debe mantenerse firme en la fe, buscar la dirección del Espíritu Santo, y enfocarse en la palabra de Dios sin desviarse del camino. Recordemos las palabras del profeta Jeremías:

> *Así dijo Jehová, Paraos en los caminos, y mirad, y preguntad por las sendas antiguas, cuál sea el buen camino, y andad por él, y hallaréis descanso para vuestra alma.*

Jeremías 6:16

El proverbista nos advierte el peligro de seguir un sendero equivocado:

> Hay camino que al hombre le parece derecho; Pero su fin es camino de muerte. ¹³Aun en la risa tendrá dolor el corazón; Y el término de la alegría es congoja.
>
> Proverbios 14:12-13

El proverbista también nos recuerda continuamente la importancia de andar en integridad y confianza: *"Confía en el Señor con todo tu corazón y no te apoyes en tu propia prudencia. Reconócelo en todos tus caminos, y él allanará tus sendas"* (Proverbios 3:5-6). En tiempos de incertidumbre, este versículo nos da paz y seguridad, recordándonos que Dios tiene el control y que su dirección es siempre la mejor. Es un llamado a la dependencia total en Dios; a confiar en Su sabiduría en lugar de en nuestras propias fuerzas.

También, Pablo llama a los Corintio a ser perseverantes y firmes, rechazando todo lo que intente desviarlos de la fe:

> ¿No sabéis que los que corren en el estadio, todos a la verdad corren, pero uno solo se lleva el premio? Corred de tal manera que lo obtengáis. ²⁵todo aquel que lucha, de todo se abstiene; ellos, a la verdad, para recibir una corona corruptible, pero nosotros, una incorruptible. ²⁶así que, yo de esta manera corro, no como a la ventura; de esta manera peleo, no como quien golpea el aire, ²⁷sino que golpeo mi cuerpo, y lo pongo en servidumbre, no sea que, habiendo sido heraldo para otros, yo mismo venga a ser eliminado.
>
> 1 Corintios 9:24-27

La frase "correr con paciencia" significa perseverar, aferrarse y no abandonar la trayectoria. El salmista nos dice similar: *"Por Jehová son ordenados los pasos del hombre, Y él aprueba su camino"* (Salmo 37:23).

También, el autor a los Hebreos nos exhorta lo siguiente:

> *Por tanto, nosotros también, teniendo en derredor nuestro tan grande nube de testigos, despojémonos de todo peso y del pecado que nos asedia, y corramos con paciencia la carrera que tenemos por delante.*
>
> Hebreos 12:1

Debemos seguir siendo exponentes de la Palabra, acompañada por el poder divino con sus manifestaciones sobrenaturales, milagros y sanidad divina.

Además, debemos cuidar siempre de que nuestra teología sea según la voluntad divina, para que nuestra predicación no sea en vano. Pablo así lo afirmo cuando dijo: *"Por tanto, mis amados hermanos, estad firmes, constantes, abundando siempre en la obra del Señor, sabiendo que vuestro trabajo en el Señor no es vano"* (1 Corintios 15:58).

Urge que oremos unos por los otros siguiendo el ejemplo de Pablo en su trayectoria como líder:

> *Por lo cual también nosotros, desde el día que lo oímos, no cesamos de orar por vosotros, y de pedir que seáis llenos del conocimiento de su voluntad en toda sabiduría e inteligencia espiritual, ¹⁰para que andéis como es digno del Señor, agradándole en todo, llevando fruto en toda buena obra, y creciendo en el conocimiento de Dios.*
>
> Colosenses 1:9 -10

Según Jorge Maldonado, vivimos en un mundo de experiencias subjetivas, de verdades relativas, de desconfianza y de ironía. La gente, ha perdido el optimismo, la confianza, la seguridad y la esperanza. El mundo parece haberse tornado pesimista, escéptico y desconfiado. Esta condición demandan que la teología sea cónsona con el mensaje del evangelio sobre el amor de Dios: que Cristo vino a este mundo para que, por su misericordia, seamos salvos de la ira que vendrá.

En la historia de la iglesia los grandes predicadores f reconocieron que sólo el Espíritu Santo otorga autoridad. Por eso repito que la teología del pastor predicador de hoy tiene que estar acorde con la Palabra de Dios. Su tarea es predicar una teología que aplique la palabra a la vida de sus oyentes; una Palabra trasformadora y centralizada en las sagradas escrituras. Con dice el Salmo 33.11: *"El consejo de Jehová permanecerá para siempre; Los pensamientos de su corazón por todas las generaciones"*. Este versículo resalta la idea de que los planes y propósitos del Señor trascienden el tiempo, ofreciendo seguridad y estabilidad en un mundo cambiante.

Pablo exhortó a sus líderes a que:

> *Nadie se engañe a sí mismo; si alguno entre vosotros se cree sabio en este siglo, hágase ignorante, para que llegue a ser sabio, [19]porque la sabiduría de este mundo es insensatez para con Dios; pues escrito está: Él prende a los sabios en la astucia de ellos, [20]y otra vez: Señor conoce los pensamientos de los sabios, que son vanos.*

1 Corintios 3:18-20

En un mundo donde el conocimiento y la autosuficiencia suelen ser exaltados, Pablo llama a los creyentes a la humildad, reconociendo que el conocimiento genuino proviene de Dios y no de la astucia humana.

Pablo le escribe al joven Timoteo lo siguiente:

> *Si alguno enseña otra cosa, y no se conforma a las sanas palabras de nuestro Señor Jesucristo, y a la doctrina que es conforme a la piedad, ⁴está envanecido, nada sabe, y delira acerca de cuestiones y contiendas de palabras, de las cuales nacen envidias, pleitos, blasfemias, malas sospechas, ⁵disputas necias de hombres corruptos de entendimiento y privados de la verdad, que toman la piedad como fuente de ganancia; apártate de los tales.*
>
> 1 Timoteo 6:3-5

Esta exhortación nos recuerda con fuerza la importancia de una enseñanza basada en la verdad y la humildad. En un tiempo donde algunas predicaciones pueden carecer de profundidad o estar influenciadas por motivaciones ajenas a la fe genuina, este pasaje nos invita a evaluar con discernimiento lo que se predica y se escucha. Este llamado al discernimiento es crucial para preservar la integridad del mensaje cristiano en un mundo lleno de voces que pueden confundir o desviar del propósito original.

El consejo paulino es claro: los líderes de la época deben tener un fundamento teológico sólido y priorizar los intereses de los demás sobre los suyos propios. Como siervos del Señor, es crucial que nuestra predicación al mundo contemporáneo sea alentadora, motivando a los oyentes a comprender con alegría la verdad.

Es urgente que nos nutramos bíblicamente y seamos conscientes de nuestra teología para transmitir el mensaje divino a un mundo cada vez más secularizado. Una teología bien fundamentada nos permite comunicar el evangelio con precisión, relevancia y profundidad, garantizando que el mensaje permanezca sin diluir y no se vea influenciado por ideologías contrarias a la verdad bíblica.

En la Confesión de fe de Westminster se encuentra la siguiente declaración teológica:

> *Dios, el gran Creador de todas las cosas, sostiene, dirige, dispone y gobierna a todas las criaturas, las acciones y las cosas, desde la más grande hasta la más pequeña, por medio de su más sabia y santa providencia, según su infalible presciencia y el libre e inmutable consejo de su propia voluntad, para alabanza de la gloria, su sabiduría, poder, justicia, bondad y misericordia.*

Esto nos indica, que es apremiante conocer las doctrinas, de la Biblia sobre Dios, Jesucristo, la expiación, salvación, ángeles, doctrina del ser humano, la doctrina del pecado, la doctrina de las últimas cosas, el rapto de la iglesia, etc.

Cuando la iglesia fundamenta su enseñanza en la Escritura y en la dirección del Espíritu Santo, permanece firme ante los desafíos del mundo actual.

En su trayectoria, el pastor predicador debe cultivar una teología que contenga una sana eclesiología bíblica, bien fundamentada en la Palabra de Dios, para que tanto los creyentes como los no creyentes reflexionen en torno al Rey que viene pronto en gloria para salvar y transformar el mundo.

La urgencia de que el predicador tenga una teología sólida radica en que señalar al oyente la urgente necesidad de conocer a Dios y comprender su relación con el mundo.

Además, proporciona una base sólida para comprender la fe y la práctica de la vida cristiana, para aplicarla a la vida personal, la iglesia, el mundo y la familia. Por otro lado, el conocimiento, la comprensión y las creencias del pastor sobre la Biblia determinarán la trayectoria de su predicación.

Es fundamental creer de todo corazón en la inspiración divina de la Biblia, su infalibilidad, autoridad y suficiencia para satisfacer todas las necesidades humanas. Cuando el predicador conoce su ruta a través de la palabra de Dios para proclamar el mensaje al mundo contemporáneo, puede ser una bendición en su viaje como siervo de Dios. Esto subraya la urgencia de ser guiados por el Espíritu Santo con un sólido marco teológico a la luz de la Palabra de Dios, para poder llevar al pueblo el mensaje correcto para que agraden a Dios, sean salvos y escapen de la ira que vendrá. La responsabilidad de quienes transmiten el mensaje de Cristo es enorme, y es vital mantener la reverencia, el compromiso y la dedicación para que el pueblo reciba la verdad y camine en ella.

Además, en tiempos en los que la cultura y las ideologías pueden influir en la fe, es aún más urgente discernir la voz del Espíritu Santo y permanecer firmes en la verdad. La fidelidad a la Palabra es clave para evitar caer en doctrinas falsas que alejan a las personas del verdadero propósito de la adoración y la comunión con Dios.

El apóstol Pablo escribió a los efesios, que, en Cristo, somos bendecidos:

> *Bendito sea el Dios y Padre de nuestro Señor Jesucristo, que nos bendijo con toda bendición espiritual en los lugares celestiales en Cristo,... ⁸que hizo sobreabundar para con nosotros en toda sabiduría e inteligencia, ⁹dándonos a conocer el misterio de su voluntad, según su beneplácito, el cual se había propuesto en sí mismo, ¹⁰de reunir todas las cosas en Cristo, en la dispensación del cumplimiento de los tiempos, así las que están en los cielos, como las que están en la tierra.*
>
> Efesios 1:3, 8-10

Consideremos las palabras de Jesús: *"No solo de pan vivirá el hombre, sino de toda palabra que sale de la boca de Dios"* (Mateo 4:4). Esto nos indica que la clave para tener un fundamento teológico sólido es comprender y creer que el Espíritu Santo nos guía y nos enseña todas las cosas (ver Juan 14:26).

Cuando permitimos que el Espíritu de Dios nos ilumine, podemos discernir su voluntad con claridad y alejarnos de caminos que no le agradan. Es un proceso de entrega y fe, en el que aprendemos a depender no de nuestra propia sabiduría, sino de su dirección perfecta. Cuando la iglesia y los creyentes buscan esa comunión profunda, el impacto en la comunidad es inmenso.

Esto nos permite, en primer lugar, comprender que la fe en Dios nos fortalece para superar los momentos difíciles. En segundo lugar, nos enseña que el amor y la compasión son valores fundamentales de la fe cristiana que debemos practicar en nuestra vida diaria. Y en tercer lugar, nos orienta hacia la Palabra de Dios, donde encontramos la verdadera naturaleza del amor de Dios: *"Mirad cuál amor nos ha dado el Padre, para que seamos llamados hijos de Dios"* (1 Juan 3:1).

Es un privilegio ser llamados hijos de Dios. Es un mensaje de identidad y pertenencia, que muestra que Su amor no se basa en méritos humanos, sino en Su gracia infinita.

Repito que es importante asegurarnos de que nuestra teología sea la adecuada al momento de llevar nuestra predicación.

> *Por tanto, amados, sabiendo esto de antemano, estad en guardia, no sea que, arrastrados por el error de hombres libertinos, caigáis de vuestra firmeza.*
>
> 2 Pedro 3:17
>
> *Y después de que hayáis sufrido un poco de tiempo, el Dios de toda gracia, que os llamó a su gloria eterna en Cristo, El mismo, os perfeccionará, afirmará, fortalecerá y establecerá.*
>
> 1 Pedro 5:10

Por este motivo, los predicadores deben comprender que la predicación debe basarse principalmente en la Biblia, la fuente principal de nuestra teología y de la vida. Cuando un predicador fundamenta su mensaje en las Escrituras, transmite no solo palabras, sino también el poder transformador del evangelio. Es fundamental que la predicación se mantenga fiel a la Palabra y refleje la enseñanza pura y edificante de Dios. Cuando el mensaje se mantiene puro y alineado con la enseñanza de Dios, edifica a los creyentes, fortalece la fe y guía a la iglesia en su propósito.

Además, es crucial presentar la interpretación teológica de manera lógica y coherente, ofreciendo una presentación ordenada y racional de las creencias cristianas, como la Trinidad, la iglesia, la salvación, los eventos futuros y la vida familiar en la sociedad.

La sana doctrina es esencial porque nuestras creencias dan forma a nuestras acciones. El comportamiento es una extensión de la teología, y existe una correlación directa entre lo que pensamos y cómo actuamos. Una doctrina sana no solo impacta la vida individual, sino que también fortalece la comunidad de creyentes, permitiendo que la iglesia sea un testimonio auténtico del evangelio.

Por otro lado, también es importante reconocer que, como seres pensantes, debemos ser cautelosos con la forma en que manejamos nuestras emociones ante los diversos desafíos y circunstancias que encontramos al preparar nuestros mensajes para la congregación. Debemos evitar la tendencia a ceder a nuestras interpretaciones humanas y asegurarnos de que nuestra teología esté alineada con el consejo divino a través de una sana doctrina.

El apóstol Pablo orientó a los hermanos de Colosas diciendo: *"Mirad que nadie os engañe por medio de filosofías y huecas sutilezas"* (Colosenses 2:8). Las filosofías buscan respuestas fuera de Dios y pueden parecer atractivas, pero carecen de sustancia espiritual y verdad eterna. Esto nos indica que debemos conocer bien la Escritura para discernir la verdad frente al error. Por lo tanto, la responsabilidad de los siervos de Dios es inmensa. No solo deben conocer la Escritura profundamente, sino que también deben vivirla con convicción y fidelidad.

Pablo también aconsejó a los efesios que se mantuvieran firmes ante los distintos vientos contrarios o:

> ...*para que ya no seamos niños fluctuantes, llevados por doquiera de todo viento de doctrina, por estratagema de hombres que para engañar emplean con astucia las artimañas del error,* [15]*sino que, siguiendo la verdad en amor, crezcamos en todo en aquel que es la cabeza, esto es, Cristo.*
>
> Efesios 4:14-15

Estos consejos paulinos nos iluminan sobre los pasos correctos que debemos seguir como predicadores del mensaje divino. En primer lugar, debemos comprender claramente la fuente de nuestra teología. En segundo lugar, debemos ser prudentes y sabios al aplicarla a la generación contemporánea.

Además, debemos mantener viva la Palabra de Dios como la fuente principal en nuestro diario vivir y como la fuente eterna de nuestra predicación. Si somos fieles a nuestras creencias, seremos una bendición para las generaciones de hoy que están siendo bombardeados con mensajes y ofertas a través de varios medios. Estas influencias, impulsadas por la tecnología, la música y los estilos de vida, conducen a comportamientos que afectan a las familias, la sociedad e incluso a la iglesia.

El escenario actual presenta un gran desafío para la iglesia en su misión de evangelizar al mundo en medio de la postmodernidad. Por lo tanto, es fundamental que, como predicadores en medio de un mundo en crisis, comprendamos la urgencia de estar bien informados y preparados. Debemos mantener nuestros corazones en el cielo, pero nuestros pies en la tierra, y estar vigilantes ante cualquier influencia externa que trate de desviar nuestro enfoque teológico.

Mantengamos una perspectiva equilibrada, con la mirada puesta en la eternidad, pero sin perder de vista la realidad del mundo que nos rodea. Al mantenernos firmes en nuestra vocación, podemos llegar al corazón de quienes escuchan la Palabra de Dios en esta generación moderna, que tiende a despreciar el mensaje cristiano. Esta era digital ha transformado la forma en que las personas perciben la fe, creando distracciones que desvían a la sociedad del mensaje divino. El desafío es grande, pero nuestra misión sigue siendo la misma: compartir el evangelio con firmeza, claridad y esperanza. Enfrentamos una tendencia familiar: vivir como bien les parezca, donde el relativismo moral y la inmoralidad reinan sin control, y los modelos negativos conducen a la rebelión y la conducta desenfrenada. Esto nos desafía a ser fieles al Señor en nuestro camino, cuidando con entusiasmo y alegría la libertad que Cristo nos ha otorgado. El entusiasmo y la alegría en nuestra fe son esenciales, porque una relación genuina con Dios no es una carga, sino una fuente inagotable de paz y esperanza.

Es apremiante seguir el consejo paulino cuando recomendó: *"Estad, pues, firmes en la libertad con que Cristo nos hizo libres, y no estéis otra vez sujetos al yugo de esclavitud"* (Gálatas 5:1).

Esto es un llamado a vivir en la gracia y el propósito de Dios, con plena confianza en la obra redentora de Jesús. Dios nos guía, nos fortalece y nos sostiene en cada circunstancia. Analicemos las palabras de Jesús, cuando al terminar el sermón de la montaña les enseñó a los discípulos que quien pone en práctica sus palabras actuales con sabiduría:

> *Cualquiera, pues, que me oye estas palabras, y las hace, le compararé a un hombre prudente, que edificó su casa sobre la roca. ²⁵descendió lluvia, y vinieron ríos, y soplaron vientos, y golpearon contra aquella casa; y no cayó, porque estaba fundada sobre la roca.*
>
> Lucas 6:24-25

Estas palabras de Jesús nos advierten del peligro de los fundamentos falsos. Esto es pertinente hoy, cuando estamos invadidos de distintos conceptos y falsas doctrinas que vienen adornadas con palabras llamativas pero peligrosas, que pueden destruir la sociedad contemporánea.

El consejo de Jesús es que seamos cautelosos con la teología que compartimos con nuestro rebaño. Esto incluye doctrinas, crecimiento espiritual, fe, esperanza y la palabra bíblica guiada por el Espíritu Santo en la vida de la iglesia en el presente. Nuestro objetivo debe ser que esta teología sea efectiva y relevante para el mundo que nos observa. No se trata solo de conocimiento teológico, sino de una vivencia auténtica que refleje el amor y la verdad del evangelio en cada aspecto de la vida. La fe y la esperanza que compartimos no deben ser solo palabras, sino una realidad que invite a otros a conocer el amor de Dios.

Por tal razón, debemos considerar la pregunta que se encuentra en Lucas 14:28-30:

> *Porque ¿quién de vosotros, queriendo edificar una torre, no se sienta primero y calcula los gastos, a ver si tiene lo que necesita para acabarla? ²⁹no sea que después que haya puesto el cimiento, y no pueda acabarla, todos los*

que lo vean comiencen a hacer burla de él, ³⁰diciendo:
Este hombre comenzó a edificar, y no pudo acabar.

Jesús tenía en mente todo lo relacionado con la futura Iglesia: su edificación, desarrollo, fe, adoración, amor, expectativas teológicas, fidelidad, esperanza y consagración.

Por lo tanto, es fundamental reconocer que el conocimiento de la sana doctrina y su interpretación teológica son elementos esenciales en la construcción de la Iglesia como cuerpo de Cristo.

En el libro de Oseas, encontramos una advertencia pertinente sobre la importancia de hacer las cosas bien. Oseas 4:6 advierte: *"Mi pueblo perece por falta de conocimiento"*.

La sana doctrina es crucial porque su fin último es la vida. Como dice 1 Timoteo 4:17: *"Ten cuidado de ti mismo y de la doctrina; persiste en ello, pues haciendo esto, te salvarás a ti mismo y a los que te oyeren"*.

Por lo tanto, si comprendemos el diseño divino nuestra teología será efectiva y nos permitirá ver el fruto en nuestra trayectoria y en la de aquellos que han aprendido a deleitarse en la Palabra de Dios.

El salmista dijo lo siguiente de los creyentes fieles a Dios: *"Será como árbol plantado junto a corrientes de aguas, que da su fruto en su tiempo, y su hoja no cae y todo lo que hace, prosperará"* (Salmo 1:3). También dijo: *"Lámpara es a mis pies tu palabra, Y lumbrera a mi camino" (Salmo 119:105)*.

Por lo tanto, aprendamos de esta frase del salmista, conocida como la metáfora de la lámpara. Nos lleva a comprender dos cosas importantes: primero, que la sabiduría proviene de la Palabra de Dios, y segundo, que debemos seguir sus instrucciones para mantenernos en el camino correcto. La Palabra de Dios nos proporciona la sabiduría que tanto necesitamos para enfrentar los desafíos de la vida y tomar decisiones sabias.

Nuestra identidad está estrechamente ligada a Cristo. Como siervos del Señor, estamos obligados a hacer lo correcto y seguir el camino con alegría. Tenemos la esperanza segura de que nuestro trabajo no es en vano, porque es para la gloria de Dios y la salvación de las almas.

Escuchemos la advertencia que lanza la epístola a los Hebreos 2.1-3 (DHH), quien nos exhorta a no desviarnos en nuestra trayectoria:

> *Por esta causa debemos prestar mucha más atención al mensaje que hemos oído, para que no nos apartemos del camino, 2Los mandamientos que Dios dio en otros tiempos por medio de los ángeles, tenían fuerza de ley, y quienes pecaron y los desobedecieron fueron castigados justamente. 3¿Cómo, pues, escaparemos nosotros, si descuidamos una salvación tan grande?*

Por lo tanto, amado lector, es apremiante que nuestros ojos no se aparten del blanco de nuestra soberana vocación que es predicar a Cristo. Les dejo con las palabras del proverbista:

> *Tus ojos miren lo recto Y diríjanse tus párpados hacia lo que tienes delante. 26Examina la senda de tus pies, Y todos tus caminos sean rectos. 27No te desvíes a la derecha ni a la izquierda; Aparta tu pie del mal.*

Proverbios 4:25-27

Epílogo

Amados compañeros del camino, a medida que nos acercamos a la finalización del proyecto que Dios nos ha confiado, recordemos que la trayectoria de un líder pastor debe estar cimentada en un llamado divino, un profundo compromiso de fe y un impacto sanador en su congregación y en aquellos que lo observan y escuchan. Debemos ser conscientes de las diversas adversidades que pondrán a prueba nuestra personalidad y carácter. Aprendamos de la trayectoria de los siervos del Señor, quienes ejemplificaron paciencia, resiliencia, adaptabilidad y una visión que trascendió las dificultades inmediatas. Sigamos sus pasos, comprendiendo los pasos que dieron para alcanzar sus objetivos y absorbiendo su legado, que inspiró a muchos a seguir su camino.

En última instancia, recordemos que nuestro modelo como líderes debe reflejar constantemente el amor de Dios en nuestros corazones. Independientemente de la etapa en la que nos encontremos en nuestro viaje, si somos guiados por el Espíritu Santo, el éxito será inevitable.

Dios les bendiga

Referencias

Bonilla, Plutarco A. *Cecilio Arrastía: El hombre, el escritor y el predicador.* Pastoralia 1982 no. 4 - Año 9 - Páginas 6 a 35.

Bounds, E. M.. *The Necessity of Prayer.* www.biblesnet.com Online Christian Library.

Broda, Aldo. *Administración: Principios gerenciales para líderes cristianos.* Miami: LOGOI, 2001.

Calderón, Wilfredo. *La Administración en la Iglesia Cristiana.* Miami: Editorial VIDA, 1982.

Costas, Orlando E. *Comunicación por medio de la Predicación.* Miami: Editorial Caribe, 1989.

Grudem, Wayne. *Teología sistemática.* Miami: Editorial VIDA, 2007.

Iuorno, Edgardo D. *El obrero Aprobado.* Comentario Bosquejado de las Epístolas a Timoteo. Paraná, Entre Ríos 2019

Jiménez, Carlos. *Crisis en la Teología Contemporánea*. Edición Revisada. Editorial Vida, 1994.

La Cueva, Francisco. *Ética Cristiana*. Barcelona: Editorial CLIE.

McDonald, Gordon. *Ponga en orden su mundo interior*. Nashville: Editorial Betania, 2006.

Mercado, Joselo. *El pastor también necesita descansar*. Taller de Teología Bíblica. Bogotá Colombia. 13 de abril 2017.

Mole, Abraham A. *Análisis sistemático de la sociedad como máquina*. Publisher Pontificia Javeriana, facultad de comunicación y lenguaje, 1983.

Robinson, Haddon W. *La predicación bíblica*. Miami: LOGOI, 2000.

Spurgeon, Charles. *El llamamiento Eficaz*. Sermón No. 73 - Volumen 2 Predicado (1834-1892).

Las siguientes referencias identifican modelos de liderazgos en su trayectoria ante el llamado divino en el Antiguo Testamento.

Bright, John. *La historia de Israel*. Bilbao: Desclee De Brouwer, 1970.

Michaud, Robert. *Los Patriarcas*. Estella (Navarra): Editorial Verbo Divino, 1991.

Pagan. Samuel. *¿Quién es el Dios del Antiguo Testamento?* Miami: Editorial Patmos, 2020.

___. *Fortaleza y Valentía*. Medley: Unilit, 2023.

Septien, Pía. *Las mujeres del Antiguo Testamento: Sus vidas son nuestra esperanza.* October 1, 2011

Sicre, José Luis. *Introducción al Antiguo Testamento.* Estella (Navarra): Editorial Verbo Divino, 2000.

Referencias del Nuevo Testamento

Blanchard, Ken y Phil Hodges. *Un Líder como Jesús.* Nashville: Grupo Nelson, 2006.

Deiros, Pablo A.. *Sanidad Cristiana Integral.* Publicación: 2012.

Longfellow, Ki. *El secreto de María Magdalena.* Editor La factoría de ideas. 2006.

Manual de ayuda para pastores y líderes. Primera edición enero 2016 Editado por CCI Media

Ramos Torres, David. *Historia de la iglesia de Dios Pentecostal M.I.* Editorial Pentecostal. 1992.

Schierse, Franz Joseph. *Introducción al Nuevo Testamento.* Barcelona: Editorial Herder, 1983.

Strauch, Alexander. *Liderando con Amor.* Cupertino: Editorial DIME, 2010.

Wilkes, C. Gene. *El liderazgo de Jesús. Como ser un líder servidor.* Nashville: Lifeway Press, 1996.

Nota biográfica

El Dr. Félix Colón Ramos, ministro ordenado por la *Iglesia de Dios Pentecostal Movimiento Internacional* de Puerto Rico, es un reconocido y apreciado pastor y profesor puertorriqueño. Es autor del libro **La familia cristiana**, donde explora de manera elocuente varios temas fundamentales relacionados con la familia. Entre los diferentes asuntos que aborda, el tema del amor es uno de los que considera esencial en el núcleo familiar.

En su trayectoria ministerial, el Dr. Colón ha enseñado, predicado y dictado conferencias en varios países de América Latina, del Caribe y diferentes ciudades de Estados Unidos de América. Ha sido profesor de educación cristiana, teología bíblica, liderazgo ministerial y hermenéutica por muchos años. Además, sirvió como pastor de la *Iglesia de Dios Pentecostal M.I.* en PR y los EUA, por más de 44 años.

Fue presidente de *Mizpa Christian University* en Orlando, Florida y profesor de la *Universidad Pentecostal Mizpa* por más de 40 años en PR y en los EUA. Participó como miembro del *Comité Ejecutivo* Región del Este de EUA y fue secretario general *Comité Ejecutivo Internacional*.

Posee los siguientes títulos académicos: Bachillerato en psicología de la *Universidad Interamericana de PR*, 1973. Maestría en Divinidad del *Seminario Evangélico de PR*, 1995. Doctorado en Ministerio del *Seminario Evangélico de PR*, 2013. Además, estudió varios cursos de aprovechamiento en conducta humana en *New York Theological Seminary*, New York.

El Dr. Félix Colón Ramos está casado con la Rvda. Alba Castillo Pérez. Es padre de dos hijas: Sandra Colon Rodríguez (casada con Estephen Benjamin) y Carol O. Colón Rodríguez (casada con Irack Santiago). Es abuelo de Esteban Benjamín y Angel Iván Santiago. Vive en la Florida, EUA.

En este nuevo proyecto dirigido a la comunidad de fe, titulado **El siervo de Dios y su trayectoria**, el pastor Colón comparte una valiosa recopilación. Por medio de diferentes experiencias, memorias y huellas ministeriales, el autor presenta la vida de un pastor dedicado a la construcción del Reino. Este legado es el fruto de una entrega profunda y un compromiso fiel con el llamado de Dios.

Dra. Nohemí C. Pagán
Ministra ordenada
Autora y profesora de educación y espiritualidad cristiana

www.ingramcontent.com/pod-product-compliance
Lightning Source LLC
Chambersburg PA
CBHW032044150426
43194CB00006B/421